中小学教师整体课堂管理能力提升培训丛书

ZHENGTI KETANG GUANLI

整体课堂管理

ZHICHI JISHU

支持技术与工具

YU GONGJU

刘正荣 刘凤权 于景力 著

NORTHEAST NORMAL UNIVERSITY PRESS

东北师范大学出版社

WWW.NENUP.COM

图书在版编目(CIP)数据

整体课堂管理:支持技术与工具/刘正荣,刘凤权,于景力著.—长春:东北师范大学出版社,2019.8
ISBN 978 - 7 - 5681 - 6140 - 4

Ⅰ.①整… Ⅱ.①刘… ②刘… ③于… Ⅲ.①课堂教学－教学管理－中小学 Ⅳ.①G632.421

中国版本图书馆 CIP 数据核字(2019)第 167486 号

□责任编辑:曲 喆　　　　　□封面设计:林 雪
□责任校对:何 云　　　　　□责任印制:张允豪

东北师范大学出版社出版发行
长春市净月开发区金宝街 118 号 (邮政编码:130117)
电话:0431—84568042
传真:0431—84568168
网址:http://www.nenup.com
电子函件:sdcbs@mail.jl.cn
东北师范大学音像出版社制版
长春方圆印业有限公司印装
长春市绿园区迎宾路 2066 号 (邮政编码:130062)
2019 年 8 月第 1 版　2019 年 8 月第 1 次印刷
幅面尺寸:169 mm×239 mm　印张:12.5　字数:175 千

定价:48.00 元

前言：用技术手段解决教师专业发展问题

现在的教师不缺理念，而是缺少工具。难题在于：如何用技术手段解决教师的专业发展问题。因此，用技术手段解决教师的专业发展问题，是我近十年来一直在努力做的事情，并把它作为整体课堂管理核心理念。

2003年"非典"过后，作为一名初入教育殿堂的非教育专业的草根研究工作者，我曾诚惶诚恐地请教于时任民进中央教育委员会副主任、中央教育科学研究所学术委员会主任的程方平博士，程老师当时的一句话对我启发很深："跳出教育看教育，必有不同的收获。"正是程老师的鼓励，坚定了我以外行眼光来观察教育和教育界发生的事的决心和信心。好在我有多年政府部门工作的经历，习得了一些和人打交道的方式，也学会了一些观察问题的方法，加之数十位教育界"大咖"的无私支持和帮助，历经十余载的观察和思考，我先后完成了《整体课堂管理：理论与实务》《整体课堂管理教师手册》（全六册）等图书。特别是2015年出版的《整体课堂管理教师手册》得到了中小学教师的喜爱。经过四年多的试用，在各地中小学教师特别是青年教师的呼吁下，我又在《整体课堂管理教师手册》的基础上，编写了这套"整体课堂管理工具"。作为广大教师，特别是青年教师专业发展的支持体系中的一环，我希望这套书能帮助大家尽快成为教师中的翘楚。

"整体课堂管理"是全国教育科学"十一五"规划课题"研训一体教师专业

化成长研究"和中国教育学会"十二五"教育科研规划课题的成果。其中许多提法和理念与现行国家教育制度，特别是考试制度和教师培养制度一致。其核心是如何将先进的教育理念落实到教师的实践中。着重考查学生独立思考和运用所学知识分析问题、解决问题的能力。实际上要把"五个"考出来：即把社会主义核心价值观和传统文化考出来、把学生课堂表现考出来、把学生的基础和积累考出来、把学生的能力考出来、把学生从社会大课堂所学的内容考出来。今后，自主学习、合作学习、探究学习将成为中小学课堂的主要形态。根据这一要求和趋势，整体课堂管理专门细化了教师发展的具体内容，专门为教师设计了全套整体课堂管理工具，并按照《整体课堂管理：核心技术与工具》《整体课堂管理：关键技术与工具》《整体课堂管理：支持技术与工具》《整体课堂管理：基础技术与工具》四个系列进行呈现，帮助广大教师掌握现代课堂管理的全套技术。

一、"技术"是解决教师职业幸福问题的钥匙

教师的职业幸福建立在教师的职业技能基础之上，没有职业技能的娴熟，就不会有教师职业的幸福。教师职业压力大是全社会的一个共识。其原因虽然很多，但也很简单：一是过去多年的独生子女政策和社会高速发展的结果。经济条件的好转，使两个或两个以上的家庭，四个或更多的家人一起关注一个孩子，最终都会将目光聚焦在孩子的老师身上，"聚光灯效应"造成教师压力很大。二是家长本身学历的增高。教师由以前的"知识垄断者"身份变为今天的"知识超市经营者"，学生获取知识的渠道、形式多元化，教师能否提供学生需要的和家长期望的知识，这是一种很大的压力。三是当今学生的智力发展很快，接受新鲜事物的能力较强，加之学生从小在家娇生惯养，到了学校后要求"发

展个性""挖掘潜力"，使得教师在今天的学生面前"硬方法不敢用，软方法不管用，新方法不会用"，压力自然很大。

教师职业倦怠似乎是一个"伪命题"。这要问"教师职业倦怠的表现是什么？""教师为什么会职业倦怠？"这两个问题。在我们的观察和分析中，大部分教师都认为职业倦怠的表现是"（面对学生）不知道该怎么办，烦"，由此看来，教师的职业倦怠源自于"不知道该怎么办"。按此推论，教师每天面对学生都能自如地、满怀信心地解决学生的各种问题，轻松地做到"兵来将挡，水来土掩"，这样就不"烦"了，职业倦怠就没有了吗？教师的职业幸福感就有了？

不会用新方法是很多教师的苦恼。所谓新方法，就是与教育相关的新的教育学知识、管理学知识、信息技术知识等，教师只有掌握并娴熟地利用好这些新知识，才能在教育实践中如鱼得水，得心应手，从容不迫。这就将教师推到了一个"学无止境""学勿止步"的快车道上。

二、整体课堂管理是一套训练法

整体课堂管理的目标是同时实现"教学有效、德育实效、教师发展、学生成长"这四个目标，整体课堂管理的核心思想是通过促进教师的专业发展来实现学生的全面成长。整体课堂管理模式明确了课堂教学中教师和学生共同成长的生态教育理念，使课堂教学向着空间立体发展，把教学的有效性和德育的实效性结合起来，促进教师和学生共同成长，全面、真正实现"以人为本"的新课堂目标。整体课堂管理重"技术"，实际上就是使教师的教学变得更精彩、更轻松、更简单。

整体课堂管理认为，教师的教育行为实际上是一个以课堂管理方法为核心建立起来的整体系统。这个系统包括课堂研究、课堂设计、课堂创建、课堂评价、课堂升华五个子系统，每个子系统又包括了若干个更小的系统。教师的课堂教学行为实际上是"课堂研究—课堂再研究"这样一个循环往复的过程，而且，这个过程将伴随教师职业生涯的始终。

整体课堂管理的主要目的之一是通过训练快速提高教师的教学能力。它通过从教师心理发展的角度，运用管理学的方法，从课堂研究，到课堂设计、课堂创建、课堂评估、课堂升华对教师整个教学过程进行了优化，使教师的教学变得更加简约和有效，为实现学生"自主学习、合作学习、探究学习"的新课堂的创建提供了技术可能。与其他的教师发展培训方法相比，整体课堂的理论培训较少，主要培训教师的课堂管理技能；其他的教师培训方式主要是专家讲授的形式，整体课堂管理主要采取的是专家带着教师练的形式；其他教师培训课程和内容主要是碎片化的，整体课堂则提供了从课堂研究开始，到课堂设计、课堂创建、课堂评估、课堂升华全套成体系的训练内容，帮助教师接受真正的专业化成长培训和指导。

三、整体课堂管理是一个工具包

解决学生的问题，核心是让他们知晓学什么、怎么学的问题。解决教师的问题，是让他们从内心深处获得职业幸福感，核心是解决他们怎么做的问题。为此，整体课堂管理提供了全套教师课堂教学工具，基本上囊括了教师从事教育教学工作的主要内容。

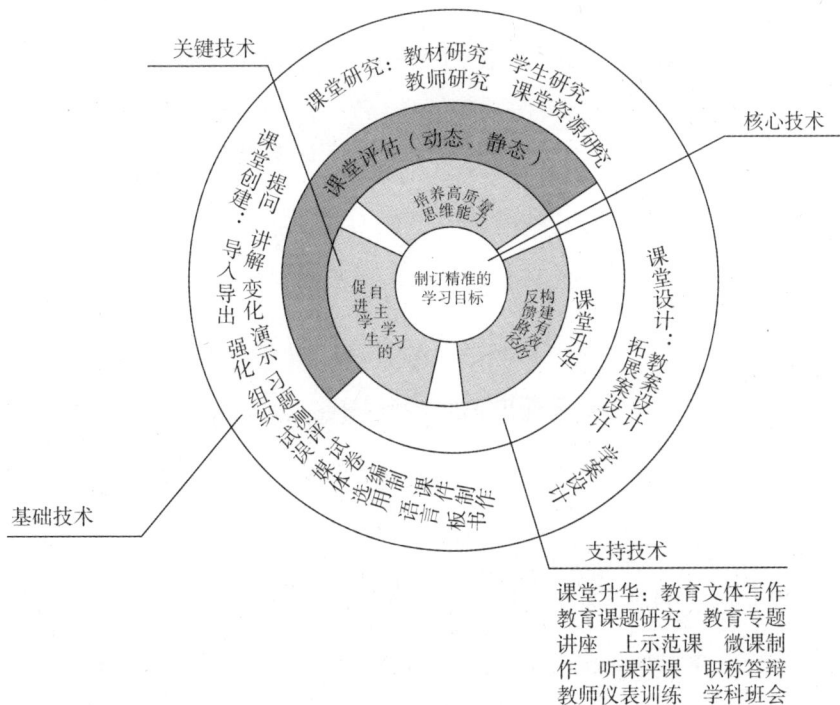

课堂升华：教育文体写作
教育课题研究 教育专题
讲座 上示范课 微课制
作 听课评课 职称答辩
教师仪表训练 学科班会

整体课堂管理主要工具

　　整体课堂管理的主要技术和工具包括四类：核心技术与工具、关键技术与工具、支持技术与工具、基础技术与工具。其中，核心技术与工具主要是制订精准的学习目标，这是整体课堂管理的核心。关键技术与工具包括培养高质量的思维能力、构建有效的反馈路径、促进学生的自主学习三类。支持技术与工具包括课堂评估（静态评估工具、动态评估工具）和课堂升华（教育文体写作、教育课题研究、教育专题讲座、上示范课、微课制作、听课评课、职称答辩、教师仪表训练、学科班会等）两类。基础技术与工具则包括了课堂设计（教案设计、学案设计、拓展案设计）、课堂研究（教材研究、学生研究、教师研究、课堂资源研究）和课堂创建（导入、导出、强化、组织、试误、媒体选用、语言、板书、提问、讲解、变化、演示、习题测评、试卷编制、课件制作等）三类。

四、学习、模仿、创新是教师专业成长的三个步骤

教师的成长是从学习开始的。教师无论以什么样的方式、通过什么样的渠道进入教师队伍，走上讲台，都离不开学习。

一是学习。首先，学什么？目前，许多教师都喜欢"快餐式"的培训，他们喜欢听一些一线教师的现身说法，喜欢听他们是怎么做的，这本无可厚非。但教师们可能忽视了这些被挑选出来的教师"代言人"角色，这些教师擅长演讲，其内容并非全部本人所为，而是一个"集大成"的内容，他们的报告内容代表教育的"高地"，会有一些局限，即使是他们个人的经验，由于个性鲜明，也不一定适合其他教师。为什么许多教师参加越多这样的培训，越觉得没意思呢？就是因为学完后回去完全用不上。因此，教师不要学习别人是怎么做的，而要多想想他为什么要这么做。其次，怎么学？教师的学习是一个不断积累的过程，许多教师一有空闲就看书，但他的课堂就是引不起学生的兴趣。为什么？学习别人东西的时候，要带着问题学，要在学别人东西的时候解决自己的问题，这是学习的关键。一个人常常读书而不去思考，充其量只是一名"搬运工"。教师在学习时，有三点是必须学习的，即：与课堂教学有关的内容、与学习方法有关的内容、与学生心理健康教育有关的内容。这些都是课堂信息量的充分构成条件，这应该引起教师的注意。再次，学了怎么办？孟子曰："尽信书，则不如无书。"教师要学以致用，为用而学。每次培训我都会要求老师们回去后，把这几天的所学、所记、所思带回自己的学校，结合自己的校情、班情、生情，加以创新应用，千万不要听的时候激动、下课以后摇动、回去后不动。特别是一些已经证明科学、有效、简单、易行的教育教学通用方法和策略，如果自己以前没有用过，更应该在自己的学校、班级尝试一下。

二是模仿。一些新教师由于缺乏教育教学的实践与经验，对教育教学的规律性、学生的特点还处于了解阶段和认识阶段，这时模仿就是必要的。怎么模仿？首先，求"形似"。如上课，目前"通行"的要求有导入、导出、合作三大环节，教师的课堂上一定要有这三个环节，不然考核就过不去。许多优秀教师的成长表明，他们在一开始任教的时候，都有过模仿别人做法的经历。其次，求"神似"。教师的模仿是积极主动的模仿，要追求"神似"，不能消极被动地模仿。教师在模仿别人的时候，要考虑自己的个性特点和所教学科的性质、学生的学情等综合因素，不能盲目、消极、不动脑子地模仿别人的教学方法。因为这样的模仿，是不可能最终形成具有自己特色的教学风格的，是一种浪费式模仿。

三是创新。教师在综合运用先进的教育教学方法的基础上，形成自己的学科教学知识，使教学艺术发挥明显的效应。教师在自己的教育实践中创造一种教学风格，这标志着教师教学艺术的成熟。因此，这是一切有志于教育事业的教师孜孜以求的。那么，教师的教学风格应具备哪些特点呢？首先，要有独特性，教师的教学个性要较明显地体现出与众不同的特色，体现在课堂教学和对学生的教育。教师的教学行为与方法大多有利于教学效果的优化和教学效率的提高，教师对学生的教育行为和矫正方法大多有利于学生正确价值观的形成。其次，要有"韵味"，即能够让人回味，有人情味。最后，要有稳定性。教师的风格形成后，在一定阶段，其教学艺术风格在教学过程的各个环节都具有独特而稳定的表现，呈现出浓厚的个人色彩，散发出魅力。至此，教师的模仿性就会越来越少，而独特性和教学个性成分则会越来越多。当其教学的独特性和教学个性发展到一定程度，呈科学的、稳定的状态时，也就标示着其教学风格的形成。比如：李吉林老师的情景教学法。

总之，教师要想在教育教学中形成自己的风格，一定要掌握教育教学的基本功，也就是我们通常所说的"通识技能"，没有这个基础，教师的创新就是海市蜃楼，教师的职业就不可能有幸福感。

整体课堂管理的核心是实现教师的自我成长。教师要想上好一堂课，就离不开课堂研究、课堂设计、课堂创建和课堂评估这几个环节，而仅仅把课上好，自己没有得到成长，就会后劲不足，迟早会职业倦怠。因此，教师必须进行"课堂升华"。课堂升华的目的就是让教师通过前面的课堂研究、课堂设计、课堂创建和课堂评估行为，由"教书匠"变成"教育家"。整体课堂管理的主要做法就是对教师的课堂研究、课堂设计、课堂创建、课堂评估和课堂升华的行为过程进行优化管理，让教师掌握其核心的、关键的、基础的技术，也就是"必须掌握的技术"，把一些教师可做可不做的行为淡化甚至去掉，在给教师减负的同时提高教师的教学效率。

"整体课堂管理工具"作为教师教育"通识技能"的工具手册，包括基础知识、课堂研究、课堂设计、课堂创建、课堂评估、课堂升华六册，基本上涵盖了中小学一线教师的教育技能。与其他同类的图书相比，本套手册具有以下特点：

第一，全面性。本套手册从一线中小学教师的职业特点和工作内容出发，从课堂研究、课堂设计、课堂创建、课堂评估、课堂升华五个方面全面构建了教师"做"的原理、途径和方法，涵盖了教师职业的各个方面：在课堂研究方面，介绍了教材研究、学生研究、课堂资源研究、教师研究四个方面的主要方法；在课堂设计方面，介绍了教案设计、学案设计、拓展案设计；在课堂创建部分，除了课堂常规之外，介绍了导入、强化、组织、试误、导出、媒体选用、语言、板书、提问、讲解、变化、演示等技能的具体方法与策略；在课堂评估方面，介绍了教师备课、听课、评课、上课以及论文写作、课题研究等全部评价指标和动态评价语言设计；在课堂升华部分，介绍了教师教育反思、文体写作、对外展示、课题研究、微课设计等方法与策略。另外，本套手册对班级管理中的技能也一并进行了详细介绍，比如，仅班级活动的设计，就介绍了从小学一年级到高中三年级每周班会的设计内容。

第二，科学性。本套手册从心理学的角度出发，用管理学的方法，提出了教师获得教育技能并最终获得职业幸福感的科学手段和方法。教师通过阅读本书，能够掌握和获得教师通识技能，从而找到自己的职业幸福感，实现自我价值。

第三，系统性。本套手册构建了教师课堂研究、课堂设计、课堂创建、课堂评估、课堂升华五个系统的具体方法，从而将教育技能形成一个综合封闭的系统。教师通过阅读本书，基本上就能解决日常教育教学中的困惑和问题。

第四，工具性。本套手册并非一般的知识介绍，而是提供了一套具体的"流程图"和一个"工具箱"，教师可以按图索骥，按表运行，它为实现教师教育技能与行为的规范性提供了"模具"。作为一套普及版的"教师技术工具箱"，本套手册在保证通俗阅读的同时，突出了可操作性的特点。教师阅读本书后，能够将其中的许多方法和观点运用于自己的教育教学实践中。

第五，动态性。本套手册按照国际流行教师培训教材的编排方式，以"图书编排模块化、版式设计轻松化、内容文字词条化"为主要版式特点，教师可以边阅读，边思考，边实践，边提升，从而使教师的图书阅读与技能提升同步完成。

毋庸讳言，由于时间紧张，加之我们的学术水平还有不少欠缺之处，本书中的分析和举例也许不成熟甚至失之偏颇，但我们希望本书的出版可以使全国中小学教师能对自己的职业技能有一个全面的有益认识，帮助广大教师真正提高自己的教育技能，从而乐享职业幸福并享受教育人生。同时，也希望本书可以抛砖引玉，使更多更好的相关论著问世。

交流改变人生，沟通连接你我。广大一线教师，如果您需要专业方面的探讨，可以通过发送电子邮件的方式来联系我，邮件的地址是：1164859826@qq.com。希望能与广大中小学青年教师们多交流、沟通，让我们共同进步。

刘正荣

二〇一九年五月于北京

目　录

前　　言 ……………………………………………………………… 1

第一单元　教师课堂研究技能的评估 …………………………… 1
　一、教材研究评估 ………………………………………………… 1
　二、学生研究评估 ……………………………………………… 19
　三、课堂教学资源研究过程与成果评估 ……………………… 27
　四、教师自我研究过程与成果评估 …………………………… 36

第二单元　课堂设计技能评估 ………………………………… 48
　一、教师教学资源库建设设计评估 …………………………… 49
　二、课堂理论设计评估 ………………………………………… 55
　三、教学设计方案评估 ………………………………………… 58
　四、教学目标设计评估 ………………………………………… 62
　五、教学内容设计评估 ………………………………………… 67
　六、教学时间设计评估 ………………………………………… 71
　七、教学方法选择评估 ………………………………………… 75
　八、教学结构设计评估 ………………………………………… 79

第三单元　课堂创建技能评估 ………………………………… 83
　一、导入技能评估 ……………………………………………… 88
　二、强化技能评估 ……………………………………………… 90
　三、组织技能评估 ……………………………………………… 93

四、试误技能评估 …………………………………………… 100

五、结束技能评估 …………………………………………… 103

六、媒体选用技能评估 ……………………………………… 106

七、语言技能评估 …………………………………………… 110

八、板书技能评估 …………………………………………… 113

九、提问技能评估 …………………………………………… 115

十、讲解技能评估 …………………………………………… 118

十一、变化技能评估 ………………………………………… 121

十二、演示技能评估 ………………………………………… 125

十三、课件制作技能评估 …………………………………… 126

十四、作业达标评估 ………………………………………… 128

十五、学生试卷分析技能评估 ……………………………… 138

十六、课堂评价语言评估 …………………………………… 141

第四单元　教师专业能力评估 …………………………… 151

一、教师写作技能评估 ……………………………………… 151

二、教师说课、观课、议课技能评估 ……………………… 169

三、教师教育科研技能评估 ………………………………… 181

第一单元 教师课堂研究技能的评估

　　整体课堂管理中，课堂研究的主要内容为教材研究、学生研究、教学资源的研究和教师对自己的研究四个内容。因此，教师课堂研究技能的评估也包括这四个方面的技能，重点是评估研究的目的是否到达了。

一、教材研究评估

　　教材研究评估工具中，对评估结果的表示采用"好、中、差"三个等级来评估教师的教材研究行为质量，教师可以根据所得到的"好、中、差"数量来评估自己的教材研究行为。

　　1. 教材研究评估工具表

　　许多教师喜欢做一些研究类的工作，但随着时间的推移，信心和精力受到打击，便对研究失去了兴趣。这其中主要的原因之一就是，教师从来没有对自己的教材研究行为进行过评估，也不知道自己到底做了些什么，做得怎样，而这恰恰是非常重要的。

工具箱

教材研究评估工具表

评估对象		评估标准	评估等级		
			好	中	差
课程总目标研究过程与成果评估	课程总目标研究过程与成果评估	课程总目标研究过程与成果评估			
	课程总目标研究过程评估	明确课程目标研究的目的			
		清楚课程目标研究的程序			
		熟悉课程目标研究的方法			
		制定了课程目标研究的方案			
		严格按照方案完成了课程目标的研究			
		……			
	课程总目标研究成果评估	符合课程标准理念和要求			
		符合学科特点，体现学科思想			
		符合学生实际学习情况			
		目标表述清楚			
		目标表述准确			
		目标表述全面			
		……			
	学生达成本目标应掌握的技能研究过程与成果评估	学生达成本目标应掌握的技能研究过程与成果评估			
	学生达成本目标应掌握的技能研究过程评估	明确本项研究的目的			
		清楚本项研究的程序			
		熟悉本项研究的方法			
		制定了本项研究的方案			
		严格按照方案完成了本项研究			
		……			

评估对象			评估标准	评估等级		
				好	中	差
	学生达成本目标应掌握的技能研究成果评估		符合课程标准理念和要求			
			符合学科特点，体现学科思想			
			符合学生实际学习情况			
			应掌握的技能表述清楚			
			应掌握的技能表述准确			
			应掌握的技能表述全面			
			……			
学年课程目标研究过程与成果评估	第一学年课程目标研究过程与成果评估		第一学年课程目标研究过程与成果评估			
		课程目标研究过程评估	明确本项研究的目的			
			清楚本项研究的程序			
			熟悉本项研究的方法			
			制定了本项研究的方案			
			严格按照方案完成了本项研究			
			……			
		课程目标研究成果评估	符合课程标准理念和要求			
			符合学科特点，体现学科思想			
			符合学生实际学习情况			
			目标表述清楚			
			目标表述准确			
			目标表述全面			
			……			
		学生达成本目标应掌握的技能研究过程评估	第一学年学生达成本目标应掌握的技能研究过程与成果评估			
			明确本项研究的目的			
			清楚本项研究的程序			
			熟悉本项研究的方法			
			制定了本项研究的方案			
			严格按照方案完成了本项研究			
			……			

续 表

评估对象			评估标准	评估等级		
				好	中	差
学年课程目标研究过程与成果评估	第二学年课程目标研究过程与成果评估	学生达成本目标应掌握的技能研究成果评估	符合课程标准理念和要求			
			符合学科特点，体现学科思想			
			符合学生实际学习情况			
			应掌握的技能表述清楚			
			应掌握的技能表述准确			
			应掌握的技能表述全面			
			……			
		第二学年课程目标研究过程与成果评估				
		课程目标研究过程评估	明确本项研究的目的			
			清楚本项研究的程序			
			熟悉本项研究的方法			
			制定了本项研究的方案			
			严格按照方案完成了本项研究			
			……			
		课程目标研究成果评估	符合课程标准理念和要求			
			符合学科特点，体现学科思想			
			符合学生实际学习情况			
			目标表述清楚			
			目标表述准确			
			目标表述全面			
			……			
		第二学年学生达成本目标应掌握的技能研究过程与成果评估				
		学生达成本目标应掌握的技能研究过程评估	明确本项研究的目的			
			清楚本项研究的程序			
			熟悉本项研究的方法			
			制定了本项研究的方案			
			严格按照方案完成了本项研究			
			……			

续 表

评估对象			评估标准	评估等级		
				好	中	差
学年课程目标研究过程与成果评估	第三学年课程目标研究过程与成果评估	学生达成本目标应掌握的技能研究成果评估	符合课程标准理念和要求			
			符合学科特点，体现学科思想			
			符合学生实际学习情况			
			应掌握的技能表述清楚			
			应掌握的技能表述准确			
			应掌握的技能表述全面			
			……			
		第三学年课程目标研究过程与成果评估				
		课程目标研究过程评估	明确本项研究的目的			
			清楚本项研究的程序			
			熟悉本项研究的方法			
			制定了本项研究的方案			
			严格按照方案完成了本项研究			
			……			
		课程目标研究成果评估	符合课程标准理念和要求			
			符合学科特点，体现学科思想			
			符合学生实际学习情况			
			目标表述清楚			
			目标表述准确			
			目标表述全面			
			……			
		第三学年学生达成本目标应掌握的技能研究过程与成果评估				
		学生达成本目标应掌握的技能研究过程评估	明确本项研究的目的			
			清楚本项研究的程序			
			熟悉本项研究的方法			
			制定了本项研究的方案			
			严格按照方案完成了本项研究			
			……			

续　表

评估对象			评估标准	评估等级		
				好	中	差
学年课程目标研究过程与成果评估		学生达成本目标应掌握的技能研究成果评估	符合课程标准理念和要求			
			符合学科特点，体现学科思想			
			符合学生实际学习情况			
			应掌握的技能表述清楚			
			应掌握的技能表述准确			
			应掌握的技能表述全面			
			……			
		……				
学期课程目标研究过程与成果评估	第一学期课程目标研究过程与成果评估	第一学期课程目标研究过程与成果评估				
		课程目标研究过程评估	明确本项研究的目的			
			清楚本项研究的程序			
			熟悉本项研究的方法			
			制定了本项研究的方案			
			严格按照方案完成了本项研究			
			……			
		课程目标研究成果评估	符合课程标准理念和要求			
			符合学科特点，体现学科思想			
			符合学生实际学习情况			
			目标表述清楚			
			目标表述准确			
			目标表述全面			
			……			
		第一学期学生达成本目标应掌握的技能研究过程与成果评估				
		学生达成本目标应掌握的技能研究过程评估	明确本项研究的目的			
			清楚本项研究的程序			
			熟悉本项研究的方法			
			制定了本项研究的方案			
			严格按照方案完成了本项研究			
			……			

续　表

评估对象			评估标准	评估等级		
				好	中	差
学期课程目标研究过程与成果评估	第二学期课程目标研究过程与成果评估	学生达成本目标应掌握的技能研究成果评估	符合课程标准理念和要求			
			符合学科特点，体现学科思想			
			符合学生实际学习情况			
			应掌握的技能表述清楚			
			应掌握的技能表述准确			
			应掌握的技能表述全面			
			……			
		第二学期课程目标研究过程与成果评估				
		课程目标研究过程评估	明确本项研究的目的			
			清楚本项研究的程序			
			熟悉本项研究的方法			
			制定了本项研究的方案			
			严格按照方案完成了本项研究			
			……			
		课程目标研究成果评估	符合课程标准理念和要求			
			符合学科特点，体现学科思想			
			符合学生实际学习情况			
			目标表述清楚			
			目标表述准确			
			目标表述全面			
			……			
		第二学期学生达成本目标应掌握的技能研究过程与成果评估				
		学生达成本目标应掌握的技能研究过程评估	明确本项研究的目的			
			清楚本项研究的程序			
			熟悉本项研究的方法			
			制定了本项研究的方案			
			严格按照方案完成了本项研究			
			……			

续　表

评估对象		评估标准	评估等级		
			好	中	差
单元课程目标研究过程与成果评估	学生达成本目标应掌握的技能研究成果评估	符合课程标准理念和要求			
		符合学科特点，体现学科思想			
		符合学生实际学习情况			
		应掌握的技能表述清楚			
		应掌握的技能表述准确			
		应掌握的技能表述全面			
		……			
		……			
	第一单元课程目标研究过程与成果评估	第一单元课程目标研究过程与成果评估			
	课程目标研究过程评估	明确本项研究的目的			
		清楚本项研究的程序			
		熟悉本项研究的方法			
		制定了本项研究的方案			
		严格按照方案完成了本项研究			
		……			
	课程目标研究成果评估	符合课程标准理念和要求			
		符合学科特点，体现学科思想			
		符合学生实际学习情况			
		目标表述清楚			
		目标表述准确			
		目标表述全面			
		……			
	第一单元学生达成本目标应掌握的技能研究过程与成果评估	第一单元学生达成本目标应掌握的技能研究过程与成果评估			
	学生达成本目标应掌握的技能研究过程评估	明确本项研究的目的			
		清楚本项研究的程序			
		熟悉本项研究的方法			
		制定了本项研究的方案			
		严格按照方案完成了本项研究			
		……			

续　表

评估对象			评估标准	评估等级		
				好	中	差
单元课程目标研究过程与成果评估	第二单元课程目标研究过程与成果评估	学生达成本目标应掌握的技能研究成果评估	符合课程标准理念和要求			
			符合学科特点，体现学科思想			
			符合学生实际学习情况			
			应掌握的技能表述清楚			
			应掌握的技能表述准确			
			应掌握的技能表述全面			
			……			
		第二单元课程目标研究过程与成果评估				
		课程目标研究过程评估	明确本项研究的目的			
			清楚本项研究的程序			
			熟悉本项研究的方法			
			制定了本项研究的方案			
			严格按照方案完成了本项研究			
			……			
		课程目标研究成果评估	符合课程标准理念和要求			
			符合学科特点，体现学科思想			
			符合学生实际学习情况			
			目标表述清楚			
			目标表述准确			
			目标表述全面			
			……			
		第二单元学生达成本目标应掌握的技能研究过程与成果评估				
		学生达成本目标应掌握的技能研究过程评估	明确本项研究的目的			
			清楚本项研究的程序			
			熟悉本项研究的方法			
			制定了本项研究的方案			
			严格按照方案完成了本项研究			
			……			

续　表

评估对象			评估标准	评估等级		
				好	中	差
		学生达成本目标应掌握的技能研究成果评估	符合课程标准理念和要求			
			符合学科特点，体现学科思想			
			符合学生实际学习情况			
			应掌握的技能表述清楚			
			应掌握的技能表述准确			
			应掌握的技能表述全面			
			……			
			……			
课时课程目标研究过程与成果评估	第一课时课程目标研究过程与成果评估		第一课时课程目标研究过程与成果评估			
		课程目标研究过程评估	明确本项研究的目的			
			清楚本项研究的程序			
			熟悉本项研究的方法			
			制定了本项研究的方案			
			严格按照方案完成了本项研究			
			……			
		课程目标研究成果评估	符合课程标准理念和要求			
			符合学科特点，体现学科思想			
			符合学生实际学习情况			
			目标表述清楚			
			目标表述准确			
			目标表述全面			
			……			
		第一课时学生达成本目标应掌握的技能研究过程与成果评估	第一课时学生达成本目标应掌握的技能研究过程与成果评估			
		学生达成本目标应掌握的技能研究过程评估	明确本项研究的目的			
			清楚本项研究的程序			
			熟悉本项研究的方法			
			制定了本项研究的方案			
			严格按照方案完成了本项研究			
			……			

续 表

评估对象		评估标准	评估等级		
			好	中	差
	学生达成本目标应掌握的技能研究成果评估	符合课程标准理念和要求			
		符合学科特点，体现学科思想			
		符合学生实际学习情况			
		应掌握的技能表述清楚			
		应掌握的技能表述准确			
		应掌握的技能表述全面			
		……			
第二课时课程目标研究过程与成果评估	第二课时课程目标研究过程与成果评估	第二课时课程目标研究过程与成果评估			
	课程目标研究过程评估	明确本项研究的目的			
		清楚本项研究的程序			
		熟悉本项研究的方法			
		制定了本项研究的方案			
		严格按照方案完成了本项研究			
		……			
	课程目标研究成果评估	符合课程标准理念和要求			
		符合学科特点，体现学科思想			
		符合学生实际学习情况			
		目标表述清楚			
		目标表述准确			
		目标表述全面			
		……			
	第二课时学生达成本目标应掌握的技能研究过程与成果评估	第二课时学生达成本目标应掌握的技能研究过程与成果评估			
	学生达成本目标应掌握的技能研究过程评估	明确本项研究的目的			
		清楚本项研究的程序			
		熟悉本项研究的方法			
		制定了本项研究的方案			
		严格按照方案完成了本项研究			
		……			

续 表

评估对象			评估标准	评估等级		
				好	中	差
		学生达成本目标应掌握的技能研究成果评估	符合课程标准理念和要求			
			符合学科特点，体现学科思想			
			符合学生实际学习情况			
			应掌握的技能表述清楚			
			应掌握的技能表述准确			
			应掌握的技能表述全面			
			……			
		……				
教材单元结构研究过程与结果评估	知识线索	第一册/第一章/第一单元				
		问题提出：通过具体事例说明学习目的，引发学生思考	准确清楚列出教材中能引发学生思考的问题			
			说明问题设置的目的和理由			
			解释这些问题可能引发学生哪些思考			
			简要阐述教学中对问题的处理方法			
			教材中编者不设置此项的意图			
		知识学习：叙述学习内容，提供系统完整的学习资料	知识目标阐述符合课标要求			
			知识目标内容叙述完整			
			知识目标的归类准确			
			区分知识目标的性质			
			教材中编者不设置此项的意图			
		探究与实践：提出开放性的学习任务，发展学生应用能力	完整地列出学习任务，不遗漏			
			学习任务的阐述符合课标要求			
			找出学习任务与发展学习能力之间的关系			
			区分学习任务的性质			
			教材中编者不设置此项的意图			

评估对象			评估标准	评估等级		
				好	中	差
教材单元结构研究过程与结果评估	活动线索	知识拓展：提供延伸性学习知识，供有能力的学生自主学习	完整地列出延伸性学习知识的内容			
			延伸性学习知识的内容阐述符合课标要求			
			指出学习这些知识的目的			
			指出这些知识的学习方法			
			教材中编者不设置此项的意图			
		任务提出：描述出项目活动的基本要求	完整地列出活动的内容名称			
			指出活动的基本要求			
			阐明活动意义与目的			
			教材中编者不设置此项的意图			
		任务分析与设计：指出项目活动过程设计	完整指出活动的过程			
			描述活动过程设计的关键因素			
			指出活动过程设计的意图			
			教材中编者不设置此项的意图			
		任务实施与评价：项目实施主要过程和评价方式	指出活动实施过程关键因素			
			阐述活动实施过程中学生应掌握的内容			
			分项列出评价方式			
			教材中编者不设置此项的意图			

续　表

评估对象			评估标准	评估等级		
				好	中	差
教材体系关联研究评估	活动线索	资源提供：呈现项目活动所需资源和技能，便于学生自主学习	列出活动所需资源			
			列出活动所需技能			
			指出资源的特点和使用方式及目的			
			指出技能的特点和使用方式及目的			
			教材中编者不设置此项的意图			
	第一册/第一章/第二单元……					
	第一册/第一章/第一单元					
	概念	学生需在理解的基础上掌握的有抽象性质的理性认识形式	符合课程标准理念和要求			
			符合学科特点，体现学科思想			
			概念列表清楚			
			概念列表完整			
			区分重点与非重点概念			
	原理	教学重点，指公理、定理、定律等，需要学生记忆和运用	符合课程标准理念和要求			
			符合学科特点，体现学科思想			
			原理列表清楚			
			原理列表完整			
			区分重点与非重点概念			

续　表

评估对象			评估标准	评估等级		
				好	中	差
教材体系关联研究评估	事实	已经通过实验进行的过程与结果，需学生记忆	符合课程标准理念和要求			
			符合学科特点，体现学科思想			
			事实列表清楚			
			事实列表完整			
			区分重点与非重点概念			
	内在联系	教材中对事实、概念和原理之间的分析，是教材内容的本质	符合课程标准理念和要求			
			符合学科特点，体现学科思想			
			概念、事实、原理之间的关系构建清楚			
			概念、事实、原理之间的关系构建准确			
			区分重点与非重点内容			
	第一册/第一章/第二单元……					
教材体系关联研究评估	单元间联系分析					
	单元之间的内在联系		确定单元之间知识点联系路径			
			重要知识点之间的关系清晰			
			指出了各知识点之间的学习关联方法			
			画出内在联系图			
			符合课标要求和教材编排特点			

第一单元 教师课堂研究技能的评估

续 表

评估对象			评估标准	评估等级		
				好	中	差
教材重点难点研究评估	重点分析	符合教材重点基本条件	以教材本身为依据，符合课标要求			
			置入整个知识系统当中判定其地位和价值			
			在整个知识系统中，关系全局，地位重要			
		研究结论表述规范	重点内容表述准确清楚			
			提出解决基本思路			
	难点分析	符合教材难点基本条件	内容比较抽象，不易被学生理解			
			内容纵横交错，比较复杂			
			内容本质属性比较隐蔽			
			内容体现了新的观点和新的方法			
			内容在新旧知识的衔接上呈现了较大的坡度			
			内容相互干扰，易混、易错			
		研究结论表述规范	难点内容表述准确清楚			
			提出解决基本思路			
教材教学处理研究评估	如何突出重点知识应用		符合课程标准要求			
			体现学生学习实际情况			
			选择适当的教学方法			
			发挥教师个人魅力			
			运用多媒体手段			

续 表

评估对象		评估标准	评估等级		
			好	中	差
教材教学处理研究评估	如何以重点知识为中心展开	知识点之间的迁移关系清楚			
		找到纵横衔接处，疏通点——线——面			
		理清教材体系向教学体系转化应注意的问题			
		确定以重点知识为中心展开的路线图			
		内容表述准确清楚			
	选择重点内容教学方法	方法可行			
		方法必要			
		方法有效			
		内容表述准确清楚			

2. 教材研究评估工具表指标解释与使用

教材单元结构设计的最终目的是促进学生的"意义学习"，即学生将知识内容与头脑中已有的知识结构相匹配，其融合方式有两种：一种是学生通过"接受"的方式形成自己的知识体系，另一种是通过"活动"的方式建构自己的知识体系。因此，教材的每一单元均设计有"以知识技术学习为主线"形式和"以项目活动为主线"形式的呈现方式，前者注重知识技能的系统性，发展学生系统思维（即运用符号进行思维），后者注重技术的实际应用，培养学生解决问题的能力。

每个学校的学生情况是不一样的。因此，教师在使用这一工具的时候，也可以根据自己所在学校的情况，按照学生的实际学习能力进行指标调整。

第一种形式，以知识技术学习为主线，一般位于每一单元的前几节。这种形式注重学生对基本知识和基本技能的学习，强调师生互动学习过程。主要结构为问题提出、知识学习、探究与实践、知识拓展。其中，"问题提出"通过具体事例说明学习目的，引发学生思考；"知识学习"叙述学习内容，提供系统的学习资料；"探究与实践"是一个（或多个）开放性的学习任务，发展学生的应用能力；"知识拓展"提供延伸性学习知识，供有能力的学生自主学习。在其中还设计了"集思广益""投石问路"等栏目，加强学生的合作讨论和自主学习，巩固知识与技能的掌握。

第二种形式，以项目活动为主线形式，一般安排在每一单元的最后一节。这种形式注重学生自主学习，培养学生解决问题的能力。主要结构为任务提出、任务分析与设计、任务实施与评价、资源提供。其中"任务提出"描述了项目活动的基本要求；"任务分析与设计"指出项目活动的过程设计；"任务实施与评价"是项目实施的主要过程和评价方式；"资源提供"呈现了项目活动所需要的资源和技能，便于学生自主学习。在其中根据需要设计了"温馨提示"栏目，加强教师的指导作用。

3. 评估结果的运用

评估表中对评估结果实行"好、中、差"三个等级来评价教师的研究行为，教师根据所得到的"好、中、差"数量来评价自己的行为。

> 让评价指标成为促进学生学习的工具，而不是成为制约学生的棋子，这才是真正的教育。

动手做

你从教多少年了？在你自己的职业生涯中，是否尝试进行过教材的研究？如果进行过，谈谈你的心得体会。如果没有，找找原因在哪里，是否觉得有必要研究教材？

二、学生研究技能评估

1. 学生研究技能评估工具表

下面的学生研究技能评估工具重点考查教师对有关学生情况数据的获取情况。这个工具只是提供了一个教师评估学生行为的基本示例。由于各地情况不同，学生的特点也不一样，因此，工具表中列出的事项只是一些初步的建议，供教师参考使用。

工具箱

学生研究技能评估工具表

评估对象		评估标准	评估等级		
			好	中	差
学生起点信息研究过程与成果评估					
起点信息收集		课程总目标研究过程评估			
	学生的言语	口头报告			
		班级讨论			
		对问题的回答			
		与他人交流			
		口头反应			
		流利程度			
		礼貌性			
		对语言的选择			
		……			
	学生的行为	按时完成任务			
		对激励的反应			
		对任务的参与			
		学习成绩			
		注意力			
		与同伴相处			
		课堂行为			
		……			
	学生的文字	家庭作业			
		杂志期刊			
		考试			
		档案			
		简洁与整洁			
		笔迹			
		逻辑思维			
		组织结构			
		……			

续 表

评估对象		评估标准	评估等级		
			好	中	差
学生信息的分析					
认知领域	记忆	对学生记忆能力进行了分析			
		提出了班级整体教育方案			
	解释	对学生解释能力进行了分析			
		提出了班级整体教育方案			
	运用	对学生运用能力进行了分析			
		提出了班级整体教育方案			
	问题解决	对学生问题解决能力进行了分析			
		提出了班级整体教育方案			
	推理	对学生推理能力进行了分析			
		提出了班级整体教育方案			
	分析	对学生分析能力进行了分析			
		提出了班级整体教育方案			
	思考	对学生思考能力进行了分析			
		提出了班级整体教育方案			
	……				
情感领域	感情	对学生感情特征进行了分析			
		提出了班级整体教育方案			
	态度	对学生态度特征进行了分析			
		提出了班级整体教育方案			
	兴趣	对学生兴趣特征进行了分析			
		提出了班级整体教育方案			
	爱好	对学生爱好特征进行了分析			
		提出了班级整体教育方案			
	价值观	对学生价值观进行了分析			
		提出了班级整体教育方案			

续　表

评估对象		评估标准	评估等级		
			好	中	差
情感领域	情绪	对班级学生情绪的稳定性、动机、可信度、自我控制、个性等进行了分析			
		提出了班级整体教育方案			
	……				
实践领域	运动能力	对学生的运动能力进行了分析			
		提出了班级整体教育方案			
	动手能力	对学生的动手能力进行了分析			
		提出了班级整体教育方案			
	……				
		学生信息分析结果表述评估			
学生信息分析结果表述	内容客观积极	无根据的、不正确的或带有偏见的观察形成的结果			
		表述内容合理，符合现代教育理念			
		无未经验证就形成结论的内容			
	方法科学合理	使用结构化的活动或联系来验证评估结论			
		结果是经过多次和长时间观察得来的			
		不同类别的信息是否相互证实			

2. 学生研究技能评估工具表指标解释与使用

（1）学生起点信息评价说明

学生起点信息的评估采用动态评估的方式。表格中指标评估的是学生的优点、不足、行为举止和态度等方面的信息。有些记录，教师在开学之前就可以从学生的档案中得到，教师通过阅读这些档案记录，了解学生的能力、入学前的表现、家庭状况、能力缺陷以及需要调整的地方。这样做的目的，是帮助学生有一个新的开始。教师要想知道学生是否在身体、情感和学习能力方面有什么问题，就一定要在开学前读透他的材料，并为他制定一个合适的教学与矫正方案，这才是我们真正的"分类指导"，才是真正的"以学生为本"。

本套评估表中的指标，其数据是很容易获得的，只要教师能够有足够的耐心和细心。教师根据这些信息可以获得整个班级的起点信息。如，教师如果要在开学前就想知道班上学生是否能够努力学习、关心学校、与他人和谐相处等信息，就可以通过阅读学生的档案材料来获得学生的基本信息，在开学后一到两周时间内，通过结合档案材料的观察和谈话来巩固自己的判断。教师不但可以从学生的谈话中看出学生的兴趣如何，还可以在谈话过程中注意到学生如何与他人相处，做事是否专注，还可以从学生的表情上，或者通过观察学生进入课堂的情况，如，是否迟到？是否心情愉快？是否安静？是否互动？等看出学生是否在努力学习。

教师通过翻阅以前的学生档案，包括其成绩资料和教师的评语等，发现学生的差异性，这会让教师知道自己应该给学生什么样的教育方式。

动手做

请你回答：研究学生的起点有什么意义？请你结合自己的教学实践，谈谈你对学生起点信息研究的认识。

（2）学生起点信息的分析评价说明

学生的所有信息，实际上都可以归为认知领域、情感领域和实践领域三类。教师在评估自己的学生分析行为时，应重点考察自己是否对学生的这些领域进行了分析。

认知领域是评估最常涉及的领域。一个人的认知行为包括记忆、解释、运用、问题解决、推理、分析、思考等一系列智力活动。学生在学校的大部分考试也是为了检验上述内容。教师评估学生的这些技能时，通常要对整个班级的情况进行分析，以确定出这个班级的主要特点。如，通过对班级学生认知领域的分析得出的结论，教师可以制定相应的教学计划，确定需要补修的基本技能。

通过对学生情感领域的分析评估，教师可以得出许多关联结论。如，在班级的学生中，谁值得信赖？谁不用监督？需要监督的学生在编排座位时就要做哪些特殊的"照顾"？课堂发言时，谁需要鼓励？谁不需要鼓励？谁对文科感兴趣？谁对理科感兴趣？谁抗压能力较强？谁较弱？等等，通过这些评估，教师就可以在制定教学计划和班级活动计划时，有意识地对某些同学"放手"，而对某些同学"防守"。

实践领域主要评估学生的动手能力和运动能力。比如，有的学生不擅长做运动，有的同学擅长做实验、做手工等，还有的同学喜欢弹奏乐器，教师如果完成了对学生的这些内容的评估，就可以根据学生的特长，去安排一些学生喜欢或擅长的事去做，从而激发学生的学习热情。

需要提醒的是，学生起点信息评估应在开学后 2 周内完成。对学生起点分析的评估应注意的是，由于教师得到的许多信息是从教师的非正式观察中获得的，因此，教师只是得到了学生的一小部分行为表现信息，这些信息有些甚至是学生的偶发行为，是有限的，而且不完整的。之所以评估教师对学生的起点信息分析的行为和结果，就是督促教师要尽可能地搜集反映学生特点的更多指标，并通过教师的搜集活动，将学生引向预期的目的地。

（3）学生起点信息分析结果表述评估

学生起点分析报告应包括对学生行为及背景的特征表述。特别是要对学生的认知、情感和实践领域的一些特征进行表述。除此之外，还要对学生这些特征可能产生的行为表现进行预测。如，"××学生在学校的表现问题比较多一些，他每天进教室的时候，大都表现出不情愿，脸上带着担忧和疲惫。他喜欢表扬，哪怕是一个赞许的目光，都会表现出很高兴的样子。他的注意力很难集中，即使在做作业的时候也是这样的……"

教师必须要清楚地知道学生学习的起点在哪里，这有利于教师设计教学目标，因此，教师对学生的起点进行评估是非常必要的，这能影响对学生个人和整个班级的期望。最简单地影响就在于，如果一个教师预测学生的学习能力缺乏，并把这种预测传递给了学生，那么，这个学生就有可能真的对学习失去信心。所以，教师要有目的地做好学生学习起点预测。

动手做

　　教师对学生的起点评估应尽量引导学生向积极的方向发展，这是教师的道德责任。你是怎样做的？

3. 评估结果的运用

　　评估表中对评估结果实行"好、中、差"三个等级来评价教师的研究行为，教师根据所得到的"好、中、差"数量来评价自己的行为。

三、课堂教学资源研究过程与成果评估

1. 课堂教学资源研究过程与成果评估工具表

工具箱

课堂教学资源研究过程与成果评估工具表

评估对象		评估标准	评估等级		
			好	中	差
基础资源研究过程与成果评估	基础教育理论研究过程与成果评估				
	基础教育理论研究过程评估	明确基础教育理论研究的目的			
		清楚基础教育理论研究的程序			
		熟悉基础教育理论研究的方法			
		制定了基础教育理论研究的方案			
		严格按照方案完成了基础教育理论研究			
		……			
	基础教育理论研究成果评估	符合课程标准理念和要求			
		符合学科特点，体现学科思想			
		符合学生实际学习情况			
		基础教育理论研究表述清楚			
		基础教育理论研究表述准确			
		基础教育理论研究有自己的创新之处			
		……			
	专业理论研究过程与成果评估				
	专业理论研究过程评估	明确本项研究的目的			
		清楚本项研究的程序			
		熟悉本项研究的方法			
		制定了本项研究的方案			
		严格按照方案完成了本项研究			
		……			

续 表

评估对象		评估标准	评估等级		
			好	中	差
基础资源研究过程与成果评估	专业理论研究成果评估	符合课程标准理念和要求			
		符合学科特点，体现学科思想			
		符合学生实际学习情况			
		专业理论研究表述清楚			
		专业理论研究表述准确			
		专业理论研究有自己的创新之处			
		……			
	相关文献资料研究过程与成果评估				
	相关文献资料研究过程评估	明确本项研究的目的			
		清楚本项研究的程序			
		熟悉本项研究的方法			
		制定了本项研究的方案			
		严格按照方案完成了本项研究			
		……			
	相关文献资料研究成果评估	符合课程标准理念和要求			
		符合学科特点，体现学科思想			
		符合学生实际学习情况			
		相关文献资料研究表述清楚			
		相关文献资料研究表述准确			
		相关文献资料研究有自己的创新之处			
		……			
	相关教学方法研究过程与成果评估				
	相关教学方法研究过程评估	明确本项研究的目的			
		清楚本项研究的程序			
		熟悉本项研究的方法			
		制定了本项研究的方案			
		严格按照方案完成了本项研究			
		……			

续 表

评估对象		评估标准	评估等级		
			好	中	差
基础资源研究过程与成果评估	相关教学方法研究成果评估	符合课程标准理念和要求			
		符合学科特点，体现学科思想			
		符合学生实际学习情况			
		相关教学方法研究表述清楚			
		相关教学方法研究表述准确			
		相关教学方法研究有自己的创新之处			
		……			
	相关教学案例研究过程与成果评估				
	相关教学案例研究过程评估	明确本项研究的目的			
		清楚本项研究的程序			
		熟悉本项研究的方法			
		制定了本项研究的方案			
		严格按照方案完成了本项研究			
		……			
	相关教学案例研究成果评估	符合课程标准理念和要求			
		符合学科特点，体现学科思想			
		符合学生实际学习情况			
		相关教学案例研究表述清楚			
		相关教学案例研究表述准确			
		相关教学案例研究有自己的创新之处			
		……			
	教学设备研究过程与成果评估				
	教学设备研究过程评估	明确本项研究的目的			
		清楚本项研究的程序			
		熟悉本项研究的方法			
		制定了本项研究的方案			
		严格按照方案完成了本项研究			
		……			

续　表

评估对象		评估标准	评估等级		
			好	中	差
教学环境资源研究过程与成果评估	教学设备研究成果评估	符合课程标准理念和要求			
		符合学科特点，体现学科思想			
		符合学生实际学习情况			
		教学设备研究表述清楚			
		教学设备研究表述准确			
		教学设备研究有自己的创新之处			
		……			
	媒体类型研究过程与成果评估				
	媒体类型研究过程评估	明确本项研究的目的			
		清楚本项研究的程序			
		熟悉本项研究的方法			
		制定了本项研究的方案			
		严格按照方案完成了本项研究			
		……			
	媒体类型研究成果评估	符合课程标准理念和要求			
		符合学科特点，体现学科思想			
		符合学生实际学习情况			
		媒体类型研究表述清楚			
		媒体类型研究表述准确			
		媒体类型研究有自己的创新之处			
		……			
	信息资源研究过程与成果评估				
	信息资源研究过程评估	明确本项研究的目的			
		清楚本项研究的程序			
		熟悉本项研究的方法			
		制定了本项研究的方案			
		严格按照方案完成了本项研究			
		……			

评估对象		评估标准	评估等级		
			好	中	差
教学环境资源研究过程与成果评估	信息资源研究成果评估	符合课程标准理念和要求			
		符合学科特点，体现学科思想			
		符合学生实际学习情况			
		信息资源研究表述清楚			
		信息资源研究表述准确			
		信息资源研究有自己的创新之处			
		……			
	社会资源研究过程与成果评估				
	社会资源研究过程评估	明确本项研究的目的			
		清楚本项研究的程序			
		熟悉本项研究的方法			
		制定了本项研究的方案			
		严格按照方案完成了本项研究			
		……			
	社会资源研究成果评估	符合课程标准理念和要求			
		符合学科特点，体现学科思想			
		符合学生实际学习情况			
		社会资源研究表述清楚			
		社会资源研究表述准确			
		社会资源研究有自己的创新之处			
		……			
	教师研究过程与成果评估				
	教师研究过程评估	明确本项研究的目的			
		清楚本项研究的程序			
		熟悉本项研究的方法			
		制定了本项研究的方案			
		严格按照方案完成了本项研究			
		……			

续　表

评估对象		评估标准	评估等级		
			好	中	差
教学对象资源研究过程与成果评估	教师研究成果评估	符合课程标准理念和要求			
		符合学科特点，体现学科思想			
		符合学生实际学习情况			
		教师研究表述清楚			
		教师研究表述准确			
		教师研究有自己的创新之处			
		……			
	学生研究过程与成果评估				
	学生研究过程评估	明确本项研究的目的			
		清楚本项研究的程序			
		熟悉本项研究的方法			
		制定了本项研究的方案			
		严格按照方案完成了本项研究			
		……			
	学生研究成果评估	符合课程标准理念和要求			
		符合学科特点，体现学科思想			
		符合学生实际学习情况			
		学生研究表述清楚			
		学生研究表述准确			
		学生研究有自己的创新之处			
		……			
课堂资源整合研究过程与成果评估	学科思想整合研究过程与成果评估				
	学科思想整合研究过程评估	明确本项研究的目的			
		清楚本项研究的程序			
		熟悉本项研究的方法			
		制定了本项研究的方案			
		严格按照方案完成了本项研究			
		……			

续　表

评估对象		评估标准	评估等级		
			好	中	差
课堂资源整合研究过程与成果评估	学科思想整合研究成果评估	符合课程标准理念和要求			
		符合学科特点，体现学科思想			
		符合学生实际学习情况			
		学科思想整合研究表述清楚			
		学科思想整合研究表述准确			
		学科思想整合研究有自己的创新之处			
		……			
	信息与技术资源整合研究过程与成果评估				
	信息与技术资源整合研究过程评估	明确本项研究的目的			
		清楚本项研究的程序			
		熟悉本项研究的方法			
		制定了本项研究的方案			
		严格按照方案完成了本项研究			
		……			
	信息与技术资源整合研究成果评估	符合课程标准理念和要求			
		符合学科特点，体现学科思想			
		符合学生实际学习情况			
		信息与技术资源整合研究表述清楚			
		信息与技术资源整合研究表述准确			
		信息与技术资源整合研究有自己的创新之处			
		……			
	教学资源整合研究过程与成果评估				
	教学资源整合研究过程评估	明确本项研究的目的			
		清楚本项研究的程序			
		熟悉本项研究的方法			
		制定了本项研究的方案			
		严格按照方案完成了本项研究			
		……			

续 表

评估对象		评估标准	评估等级		
			好	中	差
课堂资源整合研究过程与成果评估	教学资源整合研究成果评估	符合课程标准理念和要求			
		符合学科特点，体现学科思想			
		符合学生实际学习情况			
		教学资源整合研究表述清楚			
		教学资源整合研究表述准确			
		教学资源整合研究有自己的创新之处			
		……			
	社会资源整合研究过程与成果评估				
	社会资源整合研究过程评估	明确本项研究的目的			
		清楚本项研究的程序			
		熟悉本项研究的方法			
		制定了本项研究的方案			
		严格按照方案完成了本项研究			
		……			
	社会资源整合研究成果评估	符合课程标准理念和要求			
		符合学科特点，体现学科思想			
		符合学生实际学习情况			
		社会资源整合研究表述清楚			
		社会资源整合研究表述准确			
		社会资源整合研究有自己的创新之处			
		……			

2. 课堂教学资源研究评估工具表指标解释与使用

课堂教学资源研究过程与成果的评估，包括基础资源分析、教学环境资源分析、教学对象资源分析、课堂资源整合分析四大类十五个指标的评估。其主要评价内容包括两个方面内容：一是评价教师在课堂研究过程中，对这十五个指标的研究是否都有明确的研究目的，对每项研究的程序是否清楚，是否研究或熟悉对该指标研究的方法，是否制定对该项指标研究的方案并按方案完成了对该项指标的研究。二是评价教师对这些指标研究的结论水平如何，其重点考察的内容是这些结论是否符合课程标准理念和要求，是否符合学科特点，体现了学科思想是否符合学生实际学习情况，其结论的表述是否清楚、准确，有没有自己的独到之处。

3.课堂资源研究评估结果的运用

评估表中对评估结果实行"好、中、差"三个等级来评价教师的研究行为，教师根据所得到的"好、中、差"数量来评价自己的行为。

动手做

在你的教学生涯中，你是否注意或重视教学资源的使用？你使用的教学资源是怎样获得的？

四、教师自我研究过程与成果评估

许多教师也有对自己职业生涯成长的期望，但最后都不了了之。他们兴致勃勃地做了职业生涯规划，参加相应的职业技能培训，也设计了各种监督的措施，并搭建了成长的平台，但这些努力并没有取得自己期望的结果。这里除了没有做到坚持之外，与教师对自我研究成果及取得的阶段性成果没有进行相应的评估有很大的关系。

需要强调的是，教师如果长时间不对自己及其所教授的专业开展研究和评估工作，就会失去对自己专业和职业的尊严，产生职业倦怠是迟早的事情。

1. 教师自我研究过程与成果评估工具表

工具箱

教师自我研究过程与成果评估工具表

评估对象		评估标准	评估等级		
			好	中	差
教师个性特长研究过程与成果评估	教师个性特长研究过程与成果评估	教师个性特长研究过程与成果评估			
教师个性特长研究过程与成果评估	教师个性特长研究过程评估	明确教师个性特长研究的目的			
		清楚教师个性特长研究的程序			
		熟悉教师个性特长研究的方法			
		制定了教师个性特长研究的方案			
		严格按照方案完成了教师个性特长研究			
		……			
	教师个性特长研究成果评估	分析结论的表述是否清楚			
		分析结论是否符合自身实际			
		对职业的影响是否显现			
		是否结合教育教学实践提出了应对的策略			
		……			
	教师气质研究过程与成果评估	教师气质研究过程与成果评估			
	教师气质研究过程评估	明确教师气质研究的目的			
		清楚教师气质研究的程序			
		熟悉教师气质研究的方法			
		制定了教师气质研究的方案			
		严格按照方案完成了教师气质研究			
		……			
	教师气质研究成果评估	分析结论的表述是否清楚			
		分析结论是否符合自身实际			
		对职业的影响是否显现			
		是否结合教育教学实践提出了应对的策略			
		……			

续　表

评估对象		评估标准	评估等级		
			好	中	差
教师个性特长研究过程与成果评估		教师心理素质研究过程与成果评估			
	教师心理素质研究过程评估	明确教师心理素质研究的目的			
		清楚教师心理素质研究的程序			
		熟悉教师心理素质研究的方法			
		制定了教师心理素质研究的方案			
		严格按照方案完成了教师心理素质研究			
		……			
	教师心理素质研究成果评估	分析结论的表述是否清楚			
		分析结论是否符合自身实际			
		对职业的影响是否显现			
		是否结合教育教学实践提出了应对的策略			
		……			
		教师知识素养研究过程与成果评估			
	教师知识素养研究过程评估	明确教师知识素养研究的目的			
		清楚教师知识素养研究的程序			
		熟悉教师知识素养研究的方法			
		制定了教师知识素养研究的方案			
		严格按照方案完成了教师知识素养研究			
		……			
	教师知识素养研究成果评估	分析结论的表述是否清楚			
		分析结论是否符合自身实际			
		对职业的影响是否显现			
		是否结合教育教学实践提出了应对的策略			
		……			

续　表

评估对象		评估标准	评估等级		
			好	中	差
教师职业现状研究过程与成果评估	教师职业现状研究过程与成果评估	教师职业现状研究过程与成果评估			
教师职业现状研究过程与成果评估	教师职业现状研究过程评估	明确教师职业现状研究的目的			
		清楚教师职业现状研究的程序			
		熟悉教师职业现状研究的方法			
		制定了教师职业现状研究的方案			
		严格按照方案完成了教师职业现状研究			
		……			
	教师职业现状研究成果评估	分析结论的表述是否清楚			
		分析结论是否符合自身实际			
		对职业的影响是否显现			
		是否结合教育教学实践提出了应对的策略			
		……			
教师创新能力研究过程与成果评估	教师创新能力研究过程与成果评估	教师创新能力研究过程与成果评估			
教师创新能力研究过程与成果评估	教师创新能力研究过程评估	明确教师创新能力研究的目的			
		清楚教师创新能力研究的程序			
		熟悉教师创新能力研究的方法			
		制定了教师创新能力研究的方案			
		严格按照方案完成了教师创新能力研究			
		……			
	教师创新能力研究成果评估	分析结论的表述是否清楚			
		分析结论是否符合自身实际			
		对职业的影响是否显现			
		是否结合教育教学实践提出了应对的策略			
		……			

续 表

评估对象		评估标准	评估等级		
			好	中	差
教师教学能力研究过程与成果评估		教师备课能力研究过程与成果评估			
	教师备课能力研究过程评估	明确教师备课能力研究的目的			
		清楚教师备课能力研究的程序			
		熟悉教师备课能力研究的方法			
		制定了教师备课能力研究的方案			
		严格按照方案完成了教师备课能力研究			
	教师备课能力研究成果评估	对教师材料占有能力分析的内容是否全面，其信息获得、资料的搜集、积累、分类、加工和使用等均包括在内			
		对教师材料占有能力分析结论的表述是否清楚，是否符合自身实际			
		对教师的教材驾驭能力分析的内容是否全面，其内容包括站在教育学、心理学和教学法的高度驾驭教材能力以及正确地处理教材和有效地组织教材能力等			
		对教师教材驾驭能力分析结论的表述是否清楚，是否符合自身实际			
		对教师的教学决策能力分析的内容是否全面，其内容包括教学决策能力在教学目标的制定和教学策略选择上的体现；一堂课教什么，怎样教，要完成对学生怎样的培育目标等			
		对教师教学决策能力分析结论的表述是否清楚，是否符合自身实际			

评估对象		评估标准	评估等级		
			好	中	差
教师教学能力研究过程与成果评估	教师备课能力研究成果评估	教师备课能力研究过程与成果评估			
		对教师的教学设计能力分析的内容是否全面，其内容包括教学设计的理论知识掌握程度、对教材的理解程度、对学生的了解程度等			
		对教师教学设计能力分析结论的表述是否清楚，是否符合自身实际			
		对教师的了解学生能力分析的内容是否全面，其内容包括了解学生身心发展的一般规律或阶段特点的能力；了解学生的学法类型及现实适应性的能力；了解学生的知识、智力和思品等方面的现实水平或状态，包括集体的和个人的能力等			
		对教师的了解学生能力分析结论的表述是否清楚，是否符合自身实际			
		对教师的学科整合能力分析的内容是否全面，其内容包括：教师不断更新信息技术和知识技能；辩证的信息技术教育价值观和良好的信息技术使用习惯；信息技术与学科教学整合的教学设计能力；信息技术与学科教学整合的教学实施能力；信息技术与学科教学整合的教学评价能力；信息技术与学科教学整合的自我发展能力等			
		教师的上述能力是否结合教育教学实践提出了应对的策略			

续 表

评估对象		评估标准	评估等级		
			好	中	差
教师教学能力研究过程与成果评估		教师上课能力研究过程与成果评估			
	教师上课能力研究过程评估	明确教师上课能力研究的目的			
		清楚教师上课能力研究的程序			
		熟悉教师上课能力研究的方法			
		制定了教师上课能力研究的方案			
		严格按照方案完成了教师上课能力研究			
	教师上课能力研究成果评估	对教师课堂控制与自主能力分析的内容是否全面，特别是上课中的师生关系构建能力分析是否深入具体			
		对教师课堂控制与自主能力分析的结论表述是否清楚，是否符合自身实际			
		对教师在课堂形式方面的选择能力分析的内容是否全面，对上课目标的本真与达成是否心中有数			
		对教师在课堂形式方面的选择分析结论的表述是否清楚，是否符合自身实际			
		对教师的预设与生成能力分析的内容是否全面，特别是上课时教师智慧在预设和生成中凸显分析是否深入具体			
		对教师预设与生成能力分析结论的表述是否清楚，是否符合自身实际			
		对教师的繁杂与简约的把握能力分析的内容是否全面，特别是教师在课型的多样性与教学策略的灵活运用方面的分析是否深入与具体			
		对教师繁杂与简约的把握能力分析结论的表述是否清楚，是否符合自身实际			
		教师的上述能力是否结合教育教学实践提出了应对的策略			

评估对象	评估标准	评估等级		
		好	中	差
教师教学能力研究过程与成果评估	教师说课能力研究过程与成果评估			
	教师说课能力研究过程评估：明确教师说课能力研究的目的			
	清楚教师说课能力研究的程序			
	熟悉教师说课能力研究的方法			
	制定了教师说课能力研究的方案			
	严格按照方案完成了教师说课能力研究			
	教师说课能力研究成果评估：对教师说课能力的内容分析是否全面			
	对教师说课能力分析结论的表述是否清楚，是否符合自身实际			
	教师的说课能力是否结合教育教学实践提出了应对的策略			
	教师听课能力研究过程与成果评估			
	教师听课能力研究过程评估：明确教师听课能力研究的目的			
	清楚教师听课能力研究的程序			
	熟悉教师听课能力研究的方法			
	制定了教师听课能力研究的方案			
	严格按照方案完成了教师听课能力研究			
	教师听课能力研究成果评估：对教师听课能力的内容分析是否全面			
	对教师听课能力分析结论的表述是否清楚，是否符合自身实际			
	教师的听课能力是否结合教育教学实践提出了应对的策略			
	教师评课能力研究过程与成果评估			
	教师评课能力研究过程评估：明确教师评课能力研究的目的			
	清楚教师评课能力研究的程序			
	熟悉教师评课能力研究的方法			
	制定了教师评课能力研究的方案			
	严格按照方案完成了教师评课能力研究			

续 表

评估对象		评估标准	评估等级		
			好	中	差
教师教学能力研究过程与成果评估	教师评课能力研究成果评估	对教师评课能力的内容分析是否全面			
		对教师评课能力分析结论的表述是否清楚，是否符合自身实际			
		教师的评课能力是否结合教育教学实践提出了应对的策略			
	教师学法指导能力研究过程与成果评估				
	教师学法指导能力研究过程评估	明确教师学法指导能力研究的目的			
		清楚教师学法指导能力研究的程序			
		熟悉教师学法指导能力研究的方法			
		制定了教师学法指导能力研究的方案			
		严格按照方案完成了教师学法指导能力研究			
	教师学法指导能力研究成果评估	对教师学法指导能力的内容分析是否全面			
		对教师学法指导能力分析结论的表述是否清楚，是否符合自身实际			
		教师的学法指导能力是否结合教育教学实践提出了应对的策略			
	教师教研能力研究过程与成果评估				
	教师教研能力研究过程评估	明确教师教研能力研究的目的			
		清楚教师教研能力研究的程序			
		熟悉教师教研能力研究的方法			
		制定了教师教研能力研究的方案			
		严格按照方案完成了教师教研能力研究			
	教师教研能力研究成果评估	对教师教研能力的内容分析是否全面			
		对教师教研能力分析结论的表述是否清楚，是否符合自身实际			
		教师的教研能力是否结合教育教学实践提出了应对的策略			

2. 教师自我研究过程与成果评估工具表指标解释与使用

教师自我研究过程与成果评估，包括个性特长自我分析、职业现状自我分析、创新能力自我分析以及教学能力自我分析四大类十三个指标的评估。其主要评价内容包括两个方面内容：一是评价教师在课堂研究过程中，对这些指标的研究是否都有明确的研究目的，对每项研究的程序是否清楚，是否研究或熟悉对该指标研究的方法，是否制定对该项指标研究的方案并按方案完成了对该项指标的研究。二是评价教师对这些指标研究的结论水平如何，其重点考察的内容是这些结论是否符合教师的实际？是否结合自己的教育教学实践提出了应对的策略？

3. 教师自我研究过程与成果评估结果的运用

评估表中对评估结果实行"好、中、差"三个等级来评价教师的研究行为，教师根据所得到的"好、中、差"数量来评价自己的行为。

动手做

作为一名教师，你是怎样将教育理论落实在自己的教学实践中的？有没有感觉这些教育在自己的教学实践中用不上？读完上面的内容，你怎样看教育理论与教育实践的关系？

　　长期以来，一线教师在专业化发展过程中，有一个现象比较突出，那就是教师不太重视对自己的行为进行评估。虽然有一些"教育反思"的现象和行为存在，但大部分都是"秀"给别人看的，对教师的专业成长益处不大。但从教师专业化发展路径来看，教师必须要重视对自己教育行为的评估。教师通过对自己专业发展情况进行评估，并不断修正自己前行路上的方向和速度，这对教师的职业发展来说，是一件非常有益和有意义的事。

　　教师必须运用专门的评估工具来对自己的教育教学行为进行评估，只有这样的评估，才有意义。

　　对教师教学行为所产生成果的评估，应从以下几个方面加以考量：一是成果的价值性。通过教师研究总结出来的内容、方法和技术是否真能有效解决问题，并具有现实指导意义和普遍适用性，是值得借鉴和推广的。二是成果的实践性。教师的课堂研究成果主要是用于帮助教师实现教育目的的，因此，其成果要具备可操作性。三是成果的学术性。教师的研究成果应建立在教师对问题的系统思考和策略的整体谋划基础上，并能在一定程度上体现出一定的思想创新和技术创新。四是成果的完整性。包括论文结构的完整性、成果内容的完整性、操作体系的完整性。五是成效的真实性。教师的研究成果应是真实的、原创的、经过实践验证的。

备忘录

评价目标的构成

评价目标的内容可由"干什么＋怎么干＋干得怎样"构成。如，要评价教师的教学行为，可评价以下内容：一是教什么？教学的内容有哪些？重点难点是什么？等。二是怎么教的？如何开始的？如何结束的？运用了哪些课堂呈现方式？等。三是教的效果怎样？学生在哪些方面理解、掌握了？知识迁移目标实现了吗？等。要评价学生的学习行为，主要应包括以下内容：一是学什么？指学习的内容，是知识？还是技能？还是情感态度价值观？等。二是怎么学的？指学习方法，即是教师的学法指导。用什么方法学？学的过程是怎样的？等。三是学的效果怎样？指学习的结果。比如语文，是会认，还是会读？还是会写？还是会用？等。

评价目标的表述方式

评价目标的表述可由"动词＋名词"构成。名词规定评价内容，动词规定在这些内容上应达到的程度或水平。如，能背诵课文，背诵为动词，课文为名词。

评价目标的类型

整体课堂管理中的评价目标主要包括两种：一是教学类目标。教学类目标主要指课堂的教学行为和效果评价，也包括对学生的学习行为和学习效果的评价。二是研究类目标。研究类目标主要指教师的课题研究行为，其中，教师的教学设计等也归纳在教师研究的范围。

第二单元 课堂设计技能评估

课堂设计技能评估主要评价教师在课堂设计过程中取得的各项技能达成情况。课堂设计的主要内容包括教师教学资源库建设、教学理论设计、教学背景分析、教学目标设计、教学过程设计、管理效果评价设计、班级活动设计七个内容。任何教师都想知道自己的课堂设计是否达到了预期目标，是否能够满足和解决自己的教学需要，是否比别人的设计更优越，哪些地方还需要改进等。这就需要对他的课堂设计进行评价。

对课堂设计进行评价有三个目的：一是通过课堂设计评价，建立课堂运行机制，从而有效推进课堂设计最终落实到教师的教学实践中去；二是通过课堂设计评价，及时发现和改进自己的教学设计，从而促进教师的课堂教学设计水平和课堂教学质量的提高；三是通过课堂设计评价，及时、科学、有效地总结课堂设计经验，促进教学方式的改革。

课堂设计评估也是教师的"再研究"行为。在整体课堂管理的课堂设计评估模块中，我们重点探讨的是教师教学资源库建设设计、教学理论设计、教学背景分析、教学目标设计、教学过程设计、教学管理效果评估设计等。由于教学背景分析已经在课堂研究中进行了涉及，在本模块，将主要围绕其他几项来进行说明。

一、教师教学资源库建设设计评估

教师教学资源库中的教学资源主要是教师为了弥补课堂教学中信息不足，以开拓学生视野和加强学生对某一问题、现象、观点的理解而建立的。这些资源将成为教师拓展教学内容、增加教学趣味、提高学生知识运用的重要学科素材。纳入教学资源库的素材必须具备以下特点：

一是内容新。教学资源库中的教学资源内容新颖和具有创新性是第一位的。这里的新颖和创新，主要是指存入资源库的资源应该具有一定的价值，这些资源一般在教材中没有出现或者出现得不是很清楚。

二是教育性。即入库的资源首先要符合国家教育方针政策，符合新课程的理念，满足教材的意图，教师不能光追求新奇，一些低级、迷信、庸俗的内容绝对不能在教学中使用。

三是有效性。教学资源的使用能够促进学生学习，而不仅仅为了教师的课堂"趣味"，这些素材的使用，要达到既"有趣"，又"有用"的目的。

1. 教师教学资源库建设设计评估工具表

之所以将教学资源库建设设计纳入教师课堂设计技能评估管理的范畴，是因为在大数据来临时代，教师已经不能回避信息带给教师的挑战。教师教学的效果在很大程度上，与教师掌握的教学资源有关系。

一般来说，教师掌握的信息量越大，在课堂上就会给学生提供一定的优质信息，今天的学生非常喜欢信息量大的课堂，而对教材外的信息缺乏的课堂兴趣不大。因此，整体课堂管理要求教师在课堂上使用的学科素材要达到教材本身内容的一倍以上。

教师教学资源库建设评估的内容主要是资源库分类目录和资源入库标准两个方面，建设速度与社会发展、教育科研进步等有关系，有些事情非教师本人能够解决，故没有纳入评价范围。

工具箱

教师教学资源库建设设计评估工具表

评估对象		评估标准	分值	评估结果
资源库分类目录	教案	具有名师个人特点，在某一方面有独到之处		
		创新点多，其教法、学法有借鉴意义		
		在某一问题或知识点方面有独到发现		
		某一新的方法对自己和学生有启发		
	课件	具有教师个人特点，在某一方面有独到之处		
		创新点多，其教法、学法有借鉴意义		
		在某一问题或知识点方面有独到发现		
		某一新的方法对自己和学生有启发		
		制作精美		
		课件运行没有故障		
	学件	信息量大，且新颖，对教师课堂教学有帮助		
		能直接被教师使用		
	积件	面向教师，易学易用		
		开放性强，能够进行扩充		
		特色鲜明，示范性和指导性强		
	素材 文字 图片 音频 视频 动画	内容新颖，教育性强		
		文字素材应符合文本素材最低的技术要求		
		质量优良，保证使用		
		格式能够通用，无特定设备要求		
	表格 公式 曲线 其他	内容有代表意义，作为素材在课堂上使用		
		应符合文本素材最低的技术要求		

续 表

评估对象			评估标准	分值	评估结果
资源库分类目录	论文	专题（素材）研究	观点新颖，理论正确，方法实用		
		教法研究	方法新颖，实用，具有可操作性		
	试题	高（中）考试题	题型新颖，有代表性		
			题级较高，具有研究价值		
		课后练习	考查知识点全面，有典型代表性		
	课堂实录	整体	格式符合要求		
		片段	内容典型，有创新价值		
	其他	电视节目实录 活动录像 电影及视频剪辑	内容具有教育性，与学生生活密切相关		
			格式符合存储和课堂使用要求		
			时间不宜太长		
		教育教学政策法规	以保护教师权益为主		
		新型教学法课题实验资料 各类教学评估方法 教研管理评估方法	具有创新价值和启发意义		
资源入库标准			统一制作为电子文档，格式符合存储要求		
			建立目录索引		
			建有常见问题解答要求		
			运行无故障		
			文件变小，易于存储和传送		
			无分类错误		

2. 教师教学资源库建设设计评估工具表使用

（1）资源入库格式符合要求

不同的文件入库格式有所不同，其核心目的只有一个：便于查询和使用。如，文本素材要求存储格式一般为 Word，WPS 等，教师也可把教学中要用到的一些文字背景资料输入电脑，保存成 html 格式；彩色图像的颜色数不少于256 色，扫描分辨率不低于 72 dpi。图片应转换成 jpg 或 gif 格式，以使文件变得更小，易于存储和传送；数字化音频的采集频率不低于 11 kHz，存储格式为WAV、MP3、MIDI 或流式音频格式，数字化音频以 WAV 格式为主，用于欣赏的音乐为 MP3，MIDI 设备录制的音乐使用 MIDI 格式，语音采用标准的普通话配音；视频素材的主要格式有 AVI 格式、QuickTime 格式、MPEG 格式。在网上实时传输供实时教学使用的视频类素材使用流式媒体格式（rm、wm、asf）；动画素材的存储格式一般为 GIF 格式和 Flash 格式、AVI 动画格式；单机上运行的课件，必须能够运行于 win9x 以上的版本且没有故障；教学案例应统一制作成电子案例，如 HTML 网页；资源目录索引应列出某一领域中相关的网络资源地址链接和非网络资源的索引，还需要与网上的课程链接正确，且能与网上的课程进行同步的更新；文献资料应符合文本素材最低的技术要求；问题解答中的有关媒体素材，符合媒体素材库的要求问题要具有典型性、普遍性和实际参考价值，包括问题的正文、问题的解答、参考资料和关键词等内容。

（2）其他要求

进入资源库的教学资源主要是为了弥补课堂教学中信息不足，以开拓学生视野和加强学生对某一问题、现象、观点的理解而建立的，因此，资源的内容新颖和具有创新性是第一位的，这主要是指存入资源库的资源应该具有一定的价值，这些资源一般在教材中没有出现或者出现得不是很清楚。然后，资源要有教育性，即入库的资源首先要符合国家教育方针政策，符合新课程的理念，满足教材的意图，教师不能光追求新奇，一些低级、迷信、庸俗的内容绝对不能在教学中使用。

3. 评估结果的使用

老师可能已经看出，这套评估表并没有给出相应的分值，教师可以根据评分标准进行参考评价，并根据所得到的分值来评价自己的行为。

动手做

请你根据这些标准，为自己所教授学科建立一个自己的教学资源库。

二、课堂理论设计评估

课堂理论设计也称为教学指导思想及理论依据设计。根据学科思想、学科特点和课程标准，结合教学背景（如教材、学生、教学资源、教师自我特点）分析的成果，确定出设计思路，即教学原则和教学模式。教师通过课堂理论设计，能够明确课堂设计的指导思想、说清本学科的学科思想、课程标准与本课特点，以及学科思想、课程标准在本堂课如何具体实现。其目的是让教师明确自己这堂课的设计思路，做到方向正确，有的放矢。课堂理论设计的评估主要评价教师在教学设计中对学科思想、课程标准以及本堂课的理论特点的理解能力如何，强调的是教师如何将这些理论在课堂教学中得到贯彻落实。

1. 课堂理论设计评估工具表

工具箱

课堂理论设计评估工具表

评估对象		评估标准	分值	评估结果
学科思想	引用	准确，符合学科特点		
		学科思想符合本节课的特点		
	拓展和应用	教学设计以学科思想得到贯彻为核心		
		强调知识的教学，但不使学生的知识学习陷入庞杂、零散而缺乏整合		

续 表

评估对象		评估标准	分值	评估结果
学科思想	拓展和应用	强调技巧的训练，但不使学生的技能学习停留在浅表、机械的水平而缺乏创造		
		强调情感态度价值观的塑造，但不使学生的情感态度价值观的塑造浮在表面的说教而缺乏体验		
课程标准	课程性质	清楚地表述出课标中关于课程性质的规定与本节课的关系		
	课程基本理念	清楚地表述出课标中关于课程基本理念的规定在本节课中如何实现		
	课程目标	清楚地表述出课程整体目标、学段目标与本节课教学目标的关系及落实措施		
	教学建议	清楚地表述出课标中教学建议如何在本节课中落实的措施		
本课特点		对本课特点分析与设计体现学科思想的整合		
		对本课特点分析与设计体现了课程标准理念		
		提出教学原则设计符合学科思想和课程标准		
		提出教学模式设计符合学科思想和课程标准		

2. 课堂理论设计评估工具表指标解释与使用

在学科思想的拓展和应用评估标准中，对重点知识、技能和情感态度价值观如何体现进行了评价。我们认为，教师在课堂教学中，如果不能抓住"学科思想"这条主线，教师的课堂"含金量"就不会太高。在课程标准评估标准中，以课程性质、课程基本理念、课程目标和教学建议为主线，重点考察教师在以课程标准作为教学设计理论依据时，对这四项要求的落实情况。

3. 评估结果的使用

这套评估表仍然没有给出相应的分值，教师可以根据评分标准进行参考评价，并根据所得到的分值来评价自己的行为。

动手做

结合教学理论设计评估的目标和人物，谈谈你对教学理论设计的做法。

三、教学设计方案评估

1. 教学设计方案评估工具表

工具箱

教学设计方案评估工具表

评估对象		评估标准	分值	评估结果		
				好	中	差
教学设计方案	课题概述	对教材版本、学科、年级、课时安排有清晰的说明	5			
		对学习内容和本节课的价值及重要性介绍清晰				
	教学思想	体现了教师主导—学生主体的教学思想	10			
		体现学科教学的先进思想				
	学习目标分析	与学习课题相关	10			
		与课程整体学习目标一致，体现知识与技能、过程与方法、情感态度与价值观三维目标				
		体现对学生综合能力尤其是创造性思维能力、解决问题能力的培养				
	学生分析	详细列出学生所具备的认知能力、信息技术技能、情感态度和学习基础等	5			
		对学习者的兴趣、动机等有适当的介绍				
	教学过程设计	设计合理的教学任务和教学策略	20			
		教学策略内容和形式丰富、多样，便于发展学生的多种智能，体现自主、合作、探究的学习方式				
		活动设计具有层次性，体现对学生不同阶段的能力要求，尊重学生之间的差异性				

评估对象		评估标准	分值	评估结果		
				好	中	差
教学设计方案	教学评价	设计可操作的评价方式 体现形成性评价和过程性评价的观点	5			
	学习环境和支持说明	清楚地说明课题学习所需的资源（人力、信息资源、工具等）的支持，以及学习环境	5			
教学资源	资源内容	针对教学现状和学习目标，选择合适的教学媒体	30			
		表现形式合理、简洁明了，具有很强的表现力				
		能支持学生的探究（资源应是多媒体、超链接方式，工具要便于学生自主操作）				
		技术表现形式合理，符合学习者的年龄特征和学科特点				
		没有无效信息或无关内容，没有不当的表现手段				
		能充分体现技术的优势，综合多种媒体的优势				
		根据学生的特点、任务的特点，既有预设资源，又有相关资源（提供网址链接和参考书目）和泛在资源				
		尊重知识产权，说明资源来源和出处				
	技术实现	能提供使用说明，导航清楚、合理	10			
		无错误连接				
		图文清晰				

2. 评估结果的运用

这套评估表给出了相应的分值，教师可以根据评分标准进行参考评价，并根据所得到的分值来评价自己的行为。

评分标准			
评估对象	好	中	差
课题概述（5分）	4—5	2—3	0—1
教学思想（10分）	8—10	5—7	0—4
学习目标分析（10分）	8—10	5—7	0—4
学生分析（5分）	4—5	2—3	0—1
教学过程设计（20分）	16—20	10—15	0—9
教学评价（5分）	4—5	2—3	0—1
学习环境和支持说明（5分）	4—5	2—3	0—1
资源内容（30分）	24—30	15—23	0—14
技术实现（10分）	8—10	5—7	0—4

动手做

请对你自己所完成的某一教学设计方案进行评估。

四、教学目标设计评估

我们一再强调指出，整体课堂管理的核心是精准的学习目标设计。没有这个前提，课堂管理就无从实现，课堂教学的效果也无从谈起。为了保证教学目标设计的质量达标，必须要对其进行评价。

动手做

写出教学目标和学习目标的区别与联系。

1. 教学目标设计评估工具表

工具箱

教学目标设计评估工具表

评估对象		评估标准	分值	评估结果
教学目标设计	需求分析	明确提出学生在学习（或工作）中遇到了哪些困难	3	
		清楚表明学生想要学习的内容和内容的重要性顺序	3	
		准确描述学生现有基础	3	
		提出了学生的情感、态度或意向	2	
		清楚学生希望采用哪种培养方案或方法	2	
	需求类别化	具体类化成了学生的认知目标	3	
		具体类化成了学生的情感目标	3	
		具体类化成了学生的动作技能目标	3	
		具体类化成了学生的认知策略目标	3	
	目标筛选	根据客观条件筛选出了与课堂结合的目标	3	
		根据学科性质和特点筛选出与课堂结合的目标	3	
	目标分解	结合学科的知识内容或某课的知识内容进行	3	
		形成了与教学知识内容结合的具体目标	3	
	目标表述	面向全体学生	4	
		严格依据课程标准，全面整合和落实了新课程目标	4	
		表述准确，符合特色的表述结构和学科特点	4	
		表述内容为学生的学习结果，不是教师的教学行为	4	
		反映学习结果的类型和层次	4	
		教学目标应尽可能表述得具体，可以测量	4	
		在确定一两个总体目标前提下，力求实现多个分目标	4	

第二单元 课堂设计技能评估

评估对象		评估标准	分值	评估结果
	目标表述	突出情感、态度、价值观方面的要求	4	
		有整体性、层次性、延续性和针对性	4	
德育目标	情感目标	能够培养学生对他人、社会、环境的积极情感	3	
		能够保持学生心理健康	3	
	态度目标	能够培养学生的责任意识	3	
		能够培养学生对生活的积极态度	3	
	价值观目标	对客观事物状况的正确认识	3	
		对人的需要的正确认识	3	
教师发展目标		明确提出了教师的理论素养目标	4	
		明确提出了教师教学实践目标	4	
		明确提出了教师教学品质目标	4	

2. 教学目标设计评估工具表指标解释与使用

教学目标设计评估一共设计了三大类三十一个评估标准，由于学生成长目标已经包含在教学目标和德育目标中，因此，没有专门列出学生发展目标的评估标准，应以教学目标和德育目标为学生发展目标。这些评估标准基本反映了教学目标设计的理念、技术和要求，这也是要求教师在进行教学目标设计过程中必须遵循的基本原则和基本方法。

每个具体的评估标准都比较简洁和明确，教师能够理解。

3．评估结果的运用

这套评估表给出了相应的分值，教师可以根据评分标准进行参考评价，并根据所得到的分值来评价自己的行为。

评分标准			
评估对象	好	中	差
需求分析（10分）	10—13	4—9	1—3
需求类别化（12分）	9—12	4—8	1—3
目标筛选（6分）	5—6	3—4	1—2
目标分解（6分）	5—6	3—4	1—2
目标表述（36分）	30—36	20—29	1—19
情感目标（6分）	5—6	3—4	1—2
态度目标（6分）	5—6	3—4	1—2
价值观目标（6分）	5—6	3—4	1—2
教师发展目标（12分）	9—12	4—8	1—3

动手做

请对你自己所完成的某一教学目标设计方案进行评估。

五、教学内容设计评估

教学内容的选择，一要根据教学目标、教学对象来选择；二要注意选择"策略性知识"，即关于如何学习知识、如何学习探究性的知识，以便在教学过程中对学生进行学法指导，使学生学会，而且会学；三要注意选取的教学内容应体现科学性、基础性、发展性、可接受性、时代性、多功能性等特点。据此，提出整体课堂管理教学内容设计评估标准。

动手做

教材上的教学内容需要全部讲吗？如何进行取舍？

1. 教学内容设计评估工具表

工具箱

教学内容设计评估工具表

评估对象		评估标准	分值	评估结果
教学目标、教学对象选择	教学目标	符合课程标准的要求	10	
		符合学科思想	5	
		体现知识的地位	5	
		满足知识间的关联要求	5	
	教学对象	符合学生的起点状况	5	
		符合学生的认知特点	5	
		满足学生的心理需要	5	
		体现教师的个人魅力	5	
策略性知识选择	一般学习活动	设计了控制与调节注意的策略	5	
		设计了记忆策略和提取策略	5	
	创造性思维策略知识	如何针对某一个问题进行学习和探究	5	
		怎样进行问题的思辨	5	
		如何对学生进行认知策略训练	5	
教学内容体现选择		具有科学性，特别是体现出学科的特点	5	
		是教材中或学科中的基础性内容	5	
		具有发展性特点	5	
		学生可接受	5	
		体现出时代性特点	5	
		具有多功能性特点	5	

2.教学内容设计评估工具表指标解释和使用

教学内容设计评估一共设计了三大类十九个评估标准。特别是策略性知识的选择标准，由于现行教材中缺乏相应的内容，而策略活动又是一种内在思维活动，如果教师缺乏这方面的知识和训练，就无法向学生解释策略。因此，如何对学生进行认知策略训练，是教学设计的一个重要部分。如，教会学生在听课和看书时如何做笔记等。要做好策略性知识的教学设计，教师首先要学习和掌握有关学习策略、认知策略方面的知识，加强策略教学的训练，同时注意挖掘教材中的策略性知识内容，在此基础上根据策略性知识的特点和学生学习的特点进行针对性的教学设计。

3. 评估结果的运用

这套评估表给出了相应的分值，教师可以根据评分标准进行参考评价，并根据所得到的分值来评价自己的行为。

评分标准			
评估对象	好	中	差
教学目标（25分）	20—25	15—19	1—14
教学对象（20分）	15—20	10—14	1—9
一般学习活动（10分）	8—10	5—7	1—4
创造性思维策略知识（15分）	12—15	8—11	1—7
教学内容体现选择（30分）	25—30	20—24	1—19

动手做

请对你自己所完成的某一教学内容设计方案进行评估。

六、教学时间设计评估

知识窗

时间"适时"概念

"适时"概念由安德逊和卡韦特等人提出，他们认为教学时间的设计不能只关心教学时间的总量，应更加关注适时、及时、应时等与教学效率间的动力关系。安德逊归纳出了五种"适时"的概念：发展上的适时；起点行为的适时；及时；进度上的适时；管理上的适时。他们认为，教师的教与学生的学所产生的效果不仅视其花费多长时间而定，而且更视其在"何时"与"如何"运用这些时间而定。

1. 教学时间设计评估工具表

工具箱

教学时间设计评估工具表

评估对象	评估标准	分值	评估结果
教学目标	符合课程标准的要求	5	
	符合学科特点	5	
教学对象	符合学生的学情	5	
	符合教师个人特点	5	
重点、难点	表述清楚、准确	5	
	教学策略中提出了关于重点、难点作为时间分配的重要依据	5	
时间分配选择	把握好整体时间分配	10	
	按学生的身心发展特点给予适当学习的机会	10	
	学生具备特定的起点知识、技能、态度	10	
	及时引导学生获取最佳学习效果	10	
	符合学生的认知特点	10	
	发挥了学生的探究能力	10	
	对学生进行合适的指导或辅导	10	

2. 教学时间设计评估工具表指标的解释与使用

教学时间设计评估一共设计了四大类十三个评估标准。单元课时的设计是教学时间设计的核心，在设计时应认真钻研教材，分析学生已有的知识储备情况，找出单元内容中包含的知识点及重点、难点，在此基础上确定每个单元所需的教学时间，并进行每堂课各环节的时间分配，导入用多长时间？讲授用多长时间？提问讨论用多长时间？练习用多长时间？总结用多长时间等？时间分配确定后，如无特殊情况，不要随意变动。

3. 评估结果的运用

这套评估表给出了相应的分值，教师可以根据评分标准进行参考评价，并根据所得到的分值来评价自己的行为。

评分标准			
评估对象	好	中	差
教学目标（10分）	8—10	5—7	1—4
教学对象（10分）	8—10	5—7	1—4
重点、难点（10分）	8—10	5—7	1—4
时间分配选择（70分）	65—70	35—64	1—34

动手做

　　请对你自己所完成的某一教学时间设计方案进行评估。

七、教学方法选择评估

动手做

一个人的教学方法往往是其学习方法的"翻版"，学习上死记硬背的人，其教学方法多为灌输式的。如何理解这句话？

1. 教学方法选择评估工具表

工具箱

教学方法选择评估工具表

评估对象	评估标准	分值	评估结果
方法选择标准制订	能否完成教学目标	5	
	能否完成教学任务	5	
	能否跟上教学进度	5	
	能否保证教学时间	5	
	能否满足学生学情需要	5	
	能否满足现有教学资源需要	5	
	是否符合教师个性特质	5	
候选方案提出	尽可能广泛地了解和提出有关的教学方法	5	
	提出了三种以上的候选方案	5	
	对每个候选方案进行了说明	5	
方案优化情况	进行了教学方法的特点比较	12	
	分析了教学方法的适用范围	12	
	分析教学方法的优越性和局限性	12	
	说明胜选方案的理由	8	
	准备了备用方案	6	

2. 教学方法选择评估工具表指标解释与使用

教学方法选择评估了三大类十五个评估标准。教师需要注意的是，在现行的中小学课堂中，教师常用的教学方法主要有讲授法、谈话法、指导法、演示法、参观法、练习法和讨论法等，这些方法各有千秋，对其合理选择、优化组合是非常重要的。教师的教学方法是保证教学时间的重要手段，也是保证教学效果达成的核心，教师在设计的时候，不可掉以轻心。

3. 教学方法选择评估结果的运用

这套评估表仍然给出了相应的分值，教师可以根据评分标准进行参考评价，并根据所得到的分值来评价自己的行为。

评分标准			
评估对象	好	中	差
方法选择标准制订（35分）	31—35	21—30	1—20
候选方案提出（15分）	12—15	6—11	1—5
方案优化情况（50分）	40—50	35—39	1—34

动手做

请对你自己所完成的某一教学方法选择设计方案进行评估。

八、教学结构设计评估

知识窗

课堂教学结构的组成基本要素为：讲、学、练、议、评、结。

讲：讲授，讲解、启发、点拨、指导、提问等，以教师为主。

学：学习，预习、读书、自主学习等，以学生为主。

练：练习，回答问题、板演、尝试练习、作业、检测等，以学生为主。

议：讨论，有小组讨论、全班讨论等，师生合作进行。

评：评讲，有评讲答问、评讲练习、评讲试卷等，师生合作进行。

结：小结，有教师小结、学生小结、师生共同小结等，师生合作进行。

其中，讲、学、练是基本要素，是每一节课必备的要素。

1. 教学结构设计评估工具表

工具箱

教学结构设计评估工具表

评估标准	分值	评估结果
吸收了先进的教学理念或思想来进行教学结构设计	10	
依据教材难易程度来设计	12	
符合学生的学习基础	12	
围绕教学目标进行	12	
教师主导作用得以发挥，能引导学生在"最近发展区"活动	10	
各要素活动时间分配合理，重点要素突出，教学节奏分明	12	
当堂任务当堂清	8	
教学思路清晰	8	
教学环节划分合理	8	
对各环节的意义，即做什么阐释清楚	8	

2. 教学结构设计评估工具表指标解释与使用

教学的艺术性是建立在教学的科学性基础之上的。一堂课的效果如何，首先取决于课堂结构是否合理。在研究课堂教学的时候，应着眼于整体的优化，"整体"的关键便是结构。许多教师在课堂上，"局部"优势明显，口若悬河，但缺乏整体构建，因此课堂效果不好。教师如果抓住了课堂教学结构的优化，课堂教学效益就会提高。

3. 评估结果的运用

这套评估表给出了相应的分值，教师可以根据评分标准进行参考评价，并根据所得到的分值来评价自己的行为。

评分标准			
评估对象	好	中	差
吸收了先进的教学理念或思想来进行教学结构设计（10分）	8—10	5—7	1—4
依据教材难易程度来设计（12分）	8—12	5—7	1—4
符合学生的学习基础（12分）	8—12	5—7	1—4
围绕教学目标进行（12分）	8—12	5—7	1—4
教师主导作用得以发挥，能引导学生在"最近发展区"活动（10分）	8—10	5—7	1—4
各要素活动时间分配合理，重点要素突出，教学节奏分明（12分）	8—12	5—7	1—4
当堂任务当堂清（8分）	7—8	4—6	1—3
教学思路清晰（8分）	7—8	4—6	1—3
教学环节划分合理（8分）	7—8	4—6	1—3
对各环节的意义，即做什么阐释清楚（8分）	7—8	4—6	1—3

动手做

你平时是否进行过教学结构设计？为什么？

第三单元 课堂创建技能评估

课堂创建的魅力在于：它来源于课堂研究和课堂设计，但又高于课堂研究和课堂设计。课堂创建的评估亦是如此。

课堂创建评估是促进学生成长、教师专业发展和提高课堂教学质量的重要手段。课堂创建评估是整体课堂管理的核心，是为了保证教学目的的实现而采取的一种"保护措施"，即对教师课堂创建行为的科学性、规范性筑起的一道"防火墙"，是对教师在课堂教学实施过程中出现的客体对象所进行的评价活动。

课堂创建的评估主要是对教学过程的完整性、科学性，教师在课堂创建中的创建策略以及创建结果进行的评估。其评估范围包括"教"与"学"两个方面，其重点主要在于课堂教学的有效性。

在课堂创建评估过程中，可以评价教师的多种教育基本技能是否得到了集中体现，学生是否从教师独具魅力的创建活动中得到了全面成长。

需要强调的是，无论采用什么样的标准来进行评估，课堂创建都是为了让课堂管理变得更有效。

工具箱

××学科第×单元第×课时标准模式的教学设计评价量表

评价项目	权重	评价指标	分值	得分
教学内容分析	5	正确理解和把握课程内容	1	
		重点、难点分析准确	0.5	
		准确分析这些教学内容在整个课程标准或教材中的地位	1	
		准确定位分析本节内容与前后章节的联系	1	
		根据教学目标创造性地使用和开发课程资源	1.5	
依据标准	8	准确、完整地找到课程标准的相关规定	6	
		能够准确地确定这些教育标准	2	
教学目标	10	有过程，有方法	1	
		学生确实能够通过过程获得所列方法	2	
		有明确的情感态度指向，有明确的价值判断	2	
		情感态度的指向、价值判断与本节学习内容直接相关	1	
		知识和能力目标与学生的前后知识结构相关联并可测量	1	
		语句描述上包括对象、行为、条件和标准四个要素	1	
		目标总体上反映和完成课程标准的要求	2	

续　表

评价项目	权重	评价指标	分值	得分
学生分析	6	有对学生共性特征进行描述	2	
		对学生前后知识结构与现有能力有准确的描述	3	
		描述的内容与本节学习内容直接相关	1	
知识点学习目标描述	4	编号清楚	1	
		描述明确简洁到位	1	
		具体描述语句指向清晰、结构完整	1	
		能完整体现学习目标	1	
教学重点和难点	8	重点对学生的身心发展或学科发展重要，在知识体系中重要	3	
		难点是老师指导学生难以理解的内容	3	
		解决重点、难点的措施具体、明确、可操作，并确实能够有效解决重点与难点	2	
教学环境选择和学生课前准备	4	环境选择描述准确（教室环境等）	1	
		学生课前准备充分可行	1	
		学生课前准备与课堂教学内容直接相关并得到检测或落实	2	
		知识点编号和学习目标描述与"知识点学习目标"相一致	2	
		学习目标描述简洁清晰	1	
		媒体类型与媒体要点相一致	1	

续 表

评价项目	权重	评价指标	分值	得分
教学媒体选择、知识点编号、学习目标、媒体类型、媒体内容要点、教学作用、使用方式、所得结论、占用时间、媒体来源	12	媒体在教学中的作用具体准确	2	
		媒体使用方式恰当	1	
		通过该媒体的使用确实能够得出相应结论	2	
		结论与本节学习目标正相关	2	
		时间设置可行、合理	1	
板书设计	2	思路清晰、简练、实用	0.5	
		结构完整，并有课题	0.5	
		突出重点，化解难点	0.5	
		有辅助板书并整体设计精美	0.5	
教学策略选择	4	策略选择恰当，符合学生实际	1	
		与"过程与方法"相一致、相结合	2	
		对策略的说明具体明确	1	
课堂教学过程结构设计、教学环节、学生的活动、教师的活动、教学媒体（资源）、设计意图和依据	18	环节名称新颖别致，清楚地指向性质不同的教学过程	2	
		符合学习规律，具有递进性、层次性等特点	2	
		学生的主体地位突出，体现"自主、合作、探究"的学习方式，能激发学生的学习热情和学习潜能	4	
		能围绕教学目标展开教学，能充分实现本节教学的整体目标，师生的活动指向清晰，结合紧密，与教学目标直接相关或密切相关	4	

续 表

评价项目	权重	评价指标	分值	得分
教学流程图	9	充分关注学情，在每一环节中每名学生有明确具体符合自身实际的学习任务	4	
		设计意图明确，依据合理充分	2	
		图例使用准确	2	
		能够充分完整体现教学环节	5	
		整体思路清楚	2	
个性化教学方案	4	按照学生水平、学习内容的难度分层布置任务	2	
		有具体的指导措施或学情关注	1	
		在"课堂教学过程结构设计"中有所体现	1	
形成性检测、知识点编号、学习目标、检测题的内容	6	每个知识点用一个或一个以上的检测题与之对应；每个知识点上每个层次的学习目标用一个或一个以上的检测题与之对应	2	
		题量少但满足检测的需要	2	
		重点和难点在检测中有所体现	2	

一、导入技能评估

1. 导入技能评估工具表

工具箱

导入技能评估工具表

评估标准	分值	评估结果		
		好	中	差
体现了学生的主体性	10			
具有趣味性，吸引学生的注意力，形成学习动机	10			
激发学生的兴趣，促进学生思维，明确学习目标	10			
培养学生情感、态度和积极心理，促进学生人生观、价值观和世界观的形成	10			
考虑到了学生、教师、资源的可行性	10			
无程序化特征，创新性强	10			
能引发学生的思考，促成导入目的的实现	10			
鼓励学生参与课堂合作探究	10			
导入时间不宜过长，控制在 3—5 分钟	10			
把学生认知引导到教师导入意图上来	10			

2. 导入技能评估工具表指标解释与使用

课堂导入是教师在上课开始阶段为了引起学生注意、激发学习兴趣、调动学习动机、明确学习目的和建立知识之间的相互联系而采取的教学活动。其核心目的是引导学生进入学习状态，把学生吸引到特定的教学任务和程序当中去。本评估表中，共设计了 10 个评估标准，基本上涵盖了教师导入技能的主要内容。

3. 评估结果的运用

这套评估表给出了相应的分值，教师可以根据评分标准进行参考评价，用"好、中、差"三个等级来评价自己的行为，并根据所得到的"好、中、差"数量来评价自己的行为。其中，80 分及以上为好，60—79 分为中，60 分以下为差。

动手做

完成对一个导入技能的评价。

二、强化技能评估

知识窗

哈洛克实验

将数学成绩相等的学生分为四个组。

第一组：以表扬为主。上课前先表扬作业成绩优良者。

第二组：以批评后进者为主。上课前先对作业成绩不好的学生进行严厉批评。

第三组：既不批评也不表扬。只把第一组、第二组每天的情况告诉他们。

第四组：上课时不但不批评不表扬，也不让他们知道其他三个组的情况。

结果：5天以后，第一组成绩不断上升；第二组最初有进步但以后逐渐下降；第三组开始有进步，以后变化不大；第四组没有明显变化。

1. 强化技能评估工具表

工具箱

强化技能评估工具表

评估标准	分值	评估结果		
		好	中	差
能够随时注意获得教学反馈信息	8			
能通过多种形式获得强化与反馈信息	8			
能利用反馈信息调节教学活动	8			
对学生的反应能及时给予强化	10			
给学生的强化反馈明确、具体	10			
强化方法符合学生的表现，要准确有效	12			
能鼓励较差学生的微小进步	10			
正面强化为主，不用惩罚方法	12			
强化方法符合学生的年龄特征，形式要多样	12			
强化要恰到好处，保持适度	10			

2. 强化技能评估工具表指标解释与使用

强化的主要功能是按照人的心理过程和行为的规律，对人的行为予以导向，并加以规范、修正、限制和改造。学生在学习的过程中，其正确行为的形成既依赖于正强化，又依赖于负强化。因此，教师在使用强化的方式创设激励学生学习的课堂环境过程中，要乐于、善于接受反馈信息，反馈要即时、多向、多次、全面准确，形式要灵活多样，在强化时要恰到好处，做到适度、有效、恰当、符合学生特点。本评估表中，共设计了 10 个评估标准，基本上涵盖了教师强化技能的主要要求。

动手做

完成对一个强化技能的评价。

三、组织技能评估

工具箱

组织技能评估工具表

评估对象		评估标准	分值	评估结果
课堂常规	开始阶段	教师上课应提前2分钟到教室，做好上课的准备工作，按时上课，不迟到		
		衣着穿戴规范大方、言行文明，带齐上课所需的教学资料，不携带任何通信工具进入教室		
		教学设备在上课前准备调试完毕，不占用课堂教学时间		
		上课开始前，师生互致问候		
		导入符合规范（见导入技能评估）		
	授课阶段	不中途离开教室，不说与课堂无关的话，不做与课堂无关的事，按正常的教学计划和适当的教学进度上课，不随意改变教学内容，要确保按期完成教学任务		
		板书工整、规范		
		面向全体学生，围绕目标组织教学		
		重视教法的选择和学法的指导，根据学生学习实际及教学过程中的动态情况，对预设教学目标进行调整		
		恰当分配课堂时间，做到教与学两个方面的协调一致，促进每一名学生的发展		
		讲究语言艺术，无对学生实施体罚或变相体罚言行，关爱、尊重学生，坚持正面教育，以理服人		
		教学环节要做到相对完整，每堂课均应严格组织教学		
		知识讲授要突出结构体系		

续　表

评估对象		评估标准	分值	评估结果
课堂常规	授课阶段	知识的讲授要准确，注重科学性		
		讲授内容与应用实践和学科前沿相联系		
		信息总量要安排均衡合理		
		重点难点要突破		
		教学方法要讲求启发诱导		
		教学情境应体现生动活泼		
		课堂氛围民主和谐		
		合作探究深入、面宽，效果明显		
	结束阶段	不得提早下课，不随意拖堂		
		导出符合规范（见结束技能评估）		
		下课时，师生互致问候		
课堂策略	课堂讨论	把握好整体时间调控，无随意性情况出现		
		讨论目的明确，问题指向清晰，达到的结果清楚		
		参与讨论人数达 60％以上，各层次学生都参与讨论		
		讨论问题深入，学生能充分表达自己的意见和看法，关注实效，不流于形式		
		讨论的问题含金量高，锻炼了学生的处理问题能力		
		教师指导及时，点拨到位，引导讨论走向深入		
		学生间互相倾听，能对其他同学的回答做出判断、分析、思考并得出自己的见解		
	应变能力	积极应对突发事件，对学生价值观和世界观进行引导，主动生成课程资源		
		不急不躁，冷静对待		
		引导适时、适情、适度，巧中见奇，奇中生效		
		无攻击性、侮辱性言行出现		

续　表

评估对象		评估标准	分值	评估结果
预习案	预习目标	目标清楚，符合课程标准要求		
		预习目标照顾了不同层次学生的需求		
		符合本节课教学预设需要		
		体现了教师的教学智慧		
	重点难点	明确了重点、难点的内容		
		提出了预习的策略		
	关键问题	关键问题的提出清楚明白		
		明确指出了关键问题的作用和地位		
		提出了解决关键问题的目的		
		指出了解决关键问题的方法		
	基础模块	将"知识点"变为"学习点"，分解成思考的问题，引导学生自主学习		
		能引导学生从"旧知"走向"新知"		
		突出"导"的作用，重点是引导学生思维		
		激发学生继续学习和探究的动力		
	思维模块	提出的问题具有阶梯性，用于课堂教学讨论		
		为学习重点、难点知识打基础、做准备		
		提供思维方法和要求		
		学生思维能力得到提高		
	实践模块	任务要求具有必要性		
		任务要求具有可行性		
		任务要求与本节课教学内容相关联		
		学生实践能力得到培养		
	开放模块	开放性问题设置原则和要求符合课程标准		
		开放性问题的设置符合学生实际情况		
		问题本身是开放的，学生可以自己创新		
		结果能用于课堂探究		

续 表

评估对象		评估标准	分值	评估结果
预习案	预习检测	预习的内容要明确细化		
		预习方式交代清楚明白		
		有2—3道检测习题		
		检测习题与预习内容相关，能用于授课		
	其他	充分估计学生在学习中可能遇到的问题，有针对性地设计预习题目，使学生的预习更有效		
		重视培养学生的思维能力，预习作业具有一定的启发性		
		采用多种方法激发学生的兴趣，使学生在学习过程中产生愉快情绪，并随着这种情绪体验的深化，产生进一步学习的要求		
		预习案发放时机选择恰当		
教案	指导思想	针对本学科的学科思想或课标要求，描述出本学科与本课特点		
		依据心理学与教育学上的有关思想以及相关理论，提出设计思路		
	教学背景	学生分析内容全面清楚		
		提出了学生学情分析结论的运用方式		
	教学内容	教材结构分析清楚并明确在教学内容中的地位，新知识的地位得到确立		
		学习内容重点、难点和关键点清楚。根据学生的认知水平、知识背景，预测可能出现的难点。根据课程标准确定重点。提醒学生要重点掌握的问题，激发学生克服困难、解决问题的信心		
		指出知识链接内容：以往所学哪些知识点为本节做了铺垫，本节为以后的学习做了哪些准备		
		学习课程所用的学习方法细化，不笼统概括		
		自主学习问题要有层次、有逻辑、有内在的关联		
		合作探究方案具体细致		
		课堂小结启发性强，有深度		

续　表

评估对象		评估标准	分值	评估结果
教案	教学内容	达标测评有效		
		学习内容中的德育因素得到认同		
	教学目的	目标要简洁、清晰、准确、全面		
		学生知识目标清楚具体		
		情感目标不抽象笼统		
		教师发展具体明确		
	教学方式	教学方式科学合理有效		
		符合教学目标要求、教学内容特点、学生学习特点、教师特点		
		所选方式的必要性与可行性交代清楚		
		本课特点与该方式的关系交代清楚		
	教学手段	教学手段清楚明白，使用教学手段的必要性与可行性依据充分		
		学校设备条件与使用该设备的必要性与可行性分析透彻		
	教学资源	资源名称具体		
		使用依据合理		
		有具体使用策略		
	教学过程与效果	紧扣学习目标展开学习，学习目标条理清楚，学生能从较高的目标达成率上获取成功喜悦		
		在充分自主探究的基础上，讨论有价值的问题，教师指令清晰，巡视指导到位、有效		
		小组合作效果参与学生多，程度高，效果好		
		学生展示效果好，展示的层次性和时间控制到位		
		点评要语言精练，内容繁简得当，方式多样有效		
		注重知识发生过程，总结规律方法准确		
		分类总结与提升到位，能构建知识树		
		点评结束后，鼓励学生大胆质疑，善于追问，巧妙组织答题，擅长使用激励性的评价		

续　表

评估对象		评估标准	分值	评估结果
教案	教学过程与效果	每堂课有总结，有梳理，有回顾，有各小组学生表现的评价等次		
		每节课有当堂自测，检测与批改方法灵活多样		
		自测过关率高，达到90%以上		
		教师课堂语言清晰、准确、简洁，富有激情和热情		
		板书条理规范，体现知识框架及规律方法		
		恰当运用多媒体等进行辅助教学		
		对学生的引导"导而不僵""放而不乱"		
		教态端正，民主平等，亲和力强		
学案	学习目标	每堂课有特定的教学目标，切合实际，符合学情		
		少而精，不要面面俱到		
		符合本学科《课程标准》		
		符合学生学情		
		表述要明确、具体、可测，行为动词、行为条件及表现程度不能缺		
	重点难点	符合学习目标要求		
		结合学习内容实际		
		统筹兼顾具体学情		
	学习过程	教师讲课内容中的主要脉络、知识点和要求清楚		
		自学内容中的主要脉络、知识点和要求明确，学生能完成问题解答（或完成作业）		
		交流形式或小组合作形式具体细致		
		展示交流要充分、适度和到位，有深度，有高度		
		对本课获得的知识点能完整地联系起来进行综合，加深理解，强化知识结构的整体把握，形成知识框架，归纳出规律和方法		
		利用学生提出的问题、想法结合教师自己提出的问题进行讨论，总结出规律和方法以便推广应用		
		质疑问难，不仅要总结学会了什么，还要提出不懂的、不会的东西，以及在学习过程中产生的新问题、新思考		

评估对象		评估标准	分值	评估结果
学案	结束	达标检测：紧扣本节课学习目标，突出重点，题目设计要"精""准""短"		
		课内完成达标检测，及时反馈达标情况，当堂订正		
		总结反思内容具体，有方法指导		
		拓展延伸适当、适度		
拓展案	自主性	学生围绕课程标准所规定的多元学习目标来选择内容和形式，调动各个层次学生的积极性，挖掘每个学生的优势和潜能		
	实践性	学生养成良好的学习习惯，掌握学习方法，丰富学生的知识，提高其知识应用能力		
	趣味性	学生探究兴趣浓，求新求异欲望强		
	多样性	从学生实际出发，确定多层次、多维度的学习目标，采用多样性的学习形式，在夯实教学内容的知识基础的同时，把相关的知识结构转化为学生的认知结构，提高学生的知识综合运用能力		

动手做

完成对一个组织技能的评价。

四、试误技能评估

```
知识窗
```

桑代克试误理论的三大定律

准备律：准备律强调学习开始前预备定势的作用，准备律是反应者的一种内部心理状态。一切反应是由个人的内部状况和外部情境所共同决定的。因此，学习不是消极地接受知识，而是一种活动。学习者必须要有某种需要，体现为兴趣和欲望。学习者应有良好的心理准备，包括对该情境起反应所必不可少的素养和能力准备。

练习律：练习律的实质就是强化刺激与反应的感应结。练习次数的多寡，影响刺激和反应之间联系的稳固程度。只靠单纯练习，并不一定能导致进步。要把练习和练习的结果反馈联结起来，才能进步。练习律强调联结的应用。

效果律：效果律强调个体对反应结果的感受将决定个体学习的效果。凡导致满意结果的行为会被加强，而带来烦恼结果的行为则会被削弱或淘汰。

1. 试误技能评估工具表

工具箱

试误技能评估工具表

评估标准	分值	评估结果
试误目的明确，与教学内容密切结合	15	
能创设情境，将学生带入教学课题	10	
课堂试误有利于培养学生思维能力	10	
对错误诊断分析无误，应对策略恰当	15	
运用试误方式多样	15	
设计迷惑难易适中	10	
掌握时机，以正面反馈为主	10	
课堂尝试的机会照顾到全体学生	15	

2. 试误技能评估工具表指标解释与使用

试误技能是在教师课堂教学中，通过创设情境，推动学生不断进行尝试，并对学生的尝试行为结果提供及时的反馈，使学生在尝试过程中错误出现的频率逐渐减少，错误的性质不断向有利于学生学习的方向变化，直至学生能够避免和杜绝错误的一种教学行为。也就是说，教师修正学生的错误，推动尝试的行为方式。因此，对教师试误技能的评估，主要是评估试误的时机是否合适，方式是否恰当。本评估表中，共设计了 8 个评估标准，基本上涵盖了教师试误技能的主要要求。

动手做

完成对一个试误技能的评价。

五、结束技能评估

1. 结束技能评估工具表

课堂结束是在教学即将结束时，教师引导学生对本节课所学的知识与技能进行总结、巩固、扩展、延伸与迁移的教学行为。在这个阶段，教师通过归纳总结、领悟主题、实践活动、转化升华和设置悬念等方式，对学生所学知识和技能及时地进行系统巩固运用，其目的是将本节课所学的新知识有效地纳入学生的认知结构。其心理学任务是使学生保持旺盛的求知欲和浓厚的学习兴趣，从而取得余音绕梁的教学效果。

工具箱

结束技能评估工具表

评估标准	分值	评估结果
结束环节目的明确，紧扣教材内容	10	
结束有利于形成知识网络，巩固所学知识	12	
结束环节及时反馈了教学信息	8	
结束有利于促进学生思维过程，促进智能发展	10	
结束安排学生活动	10	
教师语言清晰、简练生动	10	
结束布置的作业及活动面向全体学生	10	
结束活动进一步激发学生学习兴趣，为下堂课创新情境埋下伏笔	10	
结束活动有利于学生领悟内容主题，实现德育渗透	12	
结束环节时间掌握好	8	

2. 结束技能评估工具表指标解释与使用

本评估表中，共设计了 10 个评估标准，基本上涵盖了教师结束技能的主要要求。其中，有几个指标需要教师特别关注：

结束有利于形成知识网络，巩固所学知识：教师在结束阶段，通过强调重要事实、概念和规律，概括、比较相关的知识，形成知识网络，使学生对所学的新知识更加清晰、明确、系统。

结束有利于促进学生思维过程，促进智能发展：在结束阶段，教师运用巧妙的结束方法，既能引导学生领悟到方法，又能促进学生思维发展。

结束活动进一步激发学生学习兴趣，为下堂课创新情境埋下伏笔：在结束阶段，教师通过总结对所学知识进行概括总结，使学生形成完整印象，并为下堂课创新情境埋下伏笔，激发学生的学习兴趣。

结束活动有利于学生领悟内容主题，实现德育渗透：在结束阶段，教师通过总结和揭示本质等方法，提升课堂价值，实现德育渗透目标。

3. 评估结果的运用

这套评估表仍然给出了相应的分值，教师可以根据评分标准进行参考评价，用"好、中、差"三个等级来评价自己的行为，并根据所得到的"好、中、差"数量来评价自己的行为。

动手做

完成对一个结束技能的评价。

六、媒体选用技能评估

教学媒体的选择既是教学设计的一个重要环节，也是教学策略的一个重要组成部分。不同的教学媒体在教学中所起的作用都是不同的。对于某些具体的教学目标来说，存在着某种媒体教学效果优于其他媒体的现象，因此，教学媒体就存在选择的必要性。由于不同教学媒体特性不同，各种媒体都有自己的优缺点，教学媒体使用的教学效果是否显现出来，需要进行评估，评估的目的就是要使教师选出的一种或一组适宜可行的教学媒体使自己的教学效果最好。

1. 媒体选用技能评估工具表

工具箱

媒体选用技能评估工具表

评估标准	分值	评估结果
媒体选择符合教学内容与教学目标要求，教学内容与媒体特征相符	10	
媒体选择符合学生认知水平和学习特征	8	
媒体选择与学校、教师现有条件相符	8	
媒体选择符合效益原则	10	
出示媒体的时机选择恰当	10	
教师演示动作准确熟练，手的动作与语言解释结合	10	
教师演示方法科学，动作顺序正确，节奏掌握合适	10	
教师演示时学生要能看到、看清，有适当的停顿	10	
指导学生观察时，要给予方法指导，帮助学生完成归纳、类比等思维过程	12	
媒体使用效果明显，突出强化了教学重点，突破了教学难点，实现了预期目标	12	

2. 媒体选用技能评估工具表指标解释与使用

本评估表中，共设计了 10 个评估标准，基本上涵盖了媒体选用技能的主要要求。

其中，有几个指标需要教师特别关注：

媒体选择符合教学内容与教学目标要求，教学内容与媒体特征相符：选择教学媒体主要依据教学目标和教学内容，为达到不同的教学目标需要使用不同的教学媒体去传递教学信息。如，外语学习中让学生知道语法规则，往往采取教师讲解，并辅以板书的形式；数学教学中如要学生自己归纳某一个概念，往往要通过多媒体提供支持素材激发和引导学生思考，然后通过教师板书和语言归纳建构概念等。此外，教师要根据教学内容选择媒体，并且要先找到课堂上教学内容最需要媒体演示的时机。教学媒体的运用与教学内容密切相关，什么内容用什么媒体，教师要经过事先设计。如需丰富学生感性认识的时候，可运用视频。视频的效果很重要，如果光线暗、声音不清晰，学生看不清、听不见，就达不到媒体运用的效果。

媒体选择符合学生认知水平和学习特征：不同年龄段的学生对教学媒体的选择是不同的。小学阶段的学生注意力不易集中，主要靠形象思维，丰富、生动的媒体材料能够引发兴趣，达到教学目标，因此宜更多地选择图片、视频和动画的形式；高中阶段的学生抽象思维能力增强，既要用图片、视频和动画等丰富学生的形象思维，又要注重"抽提"概念、原理和规律的过程。

出示媒体的时机选择恰当：在出示媒体前或者是出示媒体的初始阶段，应该明确观察的对象、观察的目的、观察的方法及观察中应思考的问题，使学生处于准备观察的心理状态。要按照操作规范将媒体呈现出来，要注意媒体的摆放位置、适宜的高度、角度和亮度等，是否能使每一名学生在座位上都能观察到。如果媒体较小，应该巡回演示或进行分组观察。在引导学生观察前，要向学生介绍所使用媒体的特点或结构组成。如使用模型时，要说明模型和实物之间的比例，颜色所代表的含义，如果是内部结构的模型，要说明是横切还是纵切，对实验过程运用媒体演示时，要考虑实验过程是否让每一个学生都能够清楚地看到等。

指导学生观察时，要给予方法指导，帮助学生完成归纳、类比等思维过程：不管是什么媒体，教师带领学生观察时要有顺序，如从外到内、从宏观到微观等。要根据观察内容设计一定的观察方法，如顺序观察法、对比观察法等。还要在观察的基础上注意分析、类比、归纳等思维过程的培养。要注重把握教学规律、渗透教学观念，使学生养成良好的观察和思维习惯，学会科学的方法在教学中是十分重要的，教师要将其作为重点备课内容、作为上课重点内容、作为课后重点反思内容，认真研究。在完成从形象到抽象的学习过程中，还需要通过板书和学生笔记，将核心内容符号化、概念化。教师往往设计成整体的、结构的、简明的板书对学习过程进行概括，要点清晰，结构合理。教师媒体运用的过程是对媒体呈现的信息进行分析的过程，在分析的基础上归纳出解决问题的核心要点。在观察中教师要通过语言、板书等手段提示观察的要点，指导观察、思考的方向和重点。

3. 评估结果的运用

这套评估表仍然给出了相应的分值，教师可以根据评分标准进行参考评价，用"好、中、差"三个等级来评价自己的行为，并根据所得到的"好、中、差"数量来评价自己的行为。

动手做

完成对一个媒体选用技能的评价。

七、语言技能评估

苏霍姆林斯基曾经讲过这样一个事例。他说："二十年前，我去听一位教师的课，观察孩子们怎样感知新教材的理解。我发现，孩子们听后很疲劳，下课时简直是精疲力竭了。我开始仔细回忆教师的语言，使我大为吃惊，教师的语言是那么混乱，没有逻辑顺序，他讲的教材意思是那么模糊不清，以至于第一次感知孩子们不得不用全部力气，才能听懂一点点东西。他们感到疲劳的原因正在于此。"于是，苏霍姆林斯基得出结论："教师的语言素养在极大程度上决定着学生在课堂上的脑力劳动的效率。"

语言是人们表达意思、交流思想的工具。其教育功能主要有知识传授、思维训练、文化熏陶、情感交流四个方面。这里所指的语言为教学语言，是教师在教学中运用的以普通话为基础的行业语言，是师生交流沟通的工具，是实现教学任务的主要手段。教师的语言技能是指教师用准确、生动、富于启发性的语言来传授知识方法、训练思维能力、不断激发学生的学习热情的一种教学行为。其作用在于传递新信息、新知识，促进学生智力的发展和能力的培养，能使教师个人的思维能力得到发展。

1. 语言技能评估工具表

工具箱

语言技能评估工具表

评估标准	分值	评估结果
讲普通话，字音准确	10	
语音音量适中	8	
语速快慢适度	8	
节奏抑扬顿挫	8	
语流流畅自然	8	
表意准确生动，逻辑严密，条理清楚	10	
内容浅白、通俗易懂	6	
形象具体生动	8	
声音清晰悦耳	6	
富于启迪、善诱	8	
正确使用本学科名词术语	8	
没有不恰当的口头语和废话	6	
体态语配合恰当	6	

2. 语言技能评估结果的运用

教师语言技能的评价，主要是对教师的语言魅力，如音质、音量、音色、音速、用词、造句等进行的评价。在这套评估表中，给出的评估标准简洁，也容易理解。为了使用方便，仍然给出了相应的分值，教师可以根据评分标准进行参考评价，用"好、中、差"三个等级来评价自己的行为，并根据所得到的"好、中、差"数量来评价自己的行为。

动手做

完成对一个语言技能的评价。

八、板书技能评估

板书是教师在教学中所应用的一种主要的教学媒体，板书艺术则是教学艺术的有机组成部分。教师板书技能的评估，主要是对教师板书的科学性、计划性、清晰性、艺术性、启发性、示范性、条理性等进行评估。在这套评估表中，给出的评估标准简洁，也容易理解。

动手做

完成对一个板书技能的评价。

1. 板书技能评估工具表

工具箱

板书技能评估工具表

评估标准	分值	评估结果
体现教学意图，突出教学重点	10	
与教学内容紧密联系，结构合理	10	
显示教学思路，板书有条理、简洁，有利于巩固记忆	10	
文字书写规范：写规范汉字，不写错别字、繁体字等，字体大小均匀，字体大小要以后排学生看清为宜，字迹正确、清晰、认真、整洁，板面干净	10	
板书内容有概括、总结教材的作用，能展示教学内容的关键问题、难点问题	12	
内容主次分明，学生明确重点，便于理解和记录	8	
有逻辑性、条理性，能揭示教材知识结构的内在逻辑关系	12	
书写姿势正确，板书配合讲解，富有表达力	10	
充分利用黑板的有效面积，能激发学生的思维和兴趣	8	
应用了强化手段，突出重点（如彩笔、加强符号等）	10	

2.板书技能评估结果的运用

为了使用方便，仍然给出了相应的分值，教师可以根据评分标准进行参考评价，用"好、中、差"三个等级来评价自己的行为。

九、提问技能评估

教师在课堂上运用提问的方法进行教学的根本目的是：确定学生对特定内容的理解，使学生运用其批判性思维和创造性思维去应用所学知识。对于学生来说，提问是一种学习策略；对教师来说，提问是一种教学技能。因此，教师常常在课堂上通过提出问题来检查和了解学生的理解程度，鼓励和引导学生深入思考问题，自己得出结论而获得知识，发展思维能力。这种教学行为方式作为师生在课堂上进行"互动"的主要的方式，其"含金量"就需要经过评估。

知识窗

问题三圆环

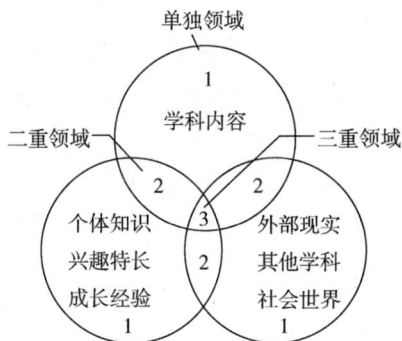

单独领域
1
学科内容
二重领域　　　　　三重领域
2　　　　2
3
个体知识　　外部现实
兴趣特长　　其他学科
成长经验　　社会世界
1　　　2　　　1

1. 提问技能评估工具表

工具箱

提问技能评估工具表

评估标准	分值	评估结果
提问的主题明确，体现教学意图，与课题内容联系密切	15	
问题的难易程度适合学生认知水平，让多数同学参与回答	15	
提问有利于学生发展思维，注意明确问题的重点，将问题聚焦在重要概念和原理上	10	
提问有层次，循序渐进，问题的表达简明易懂	10	
提问能复习旧知识，引出新课题	10	
依照教学进展和学生思维进程提出问题，把握提问的时机，促使学生思考	10	
提问后稍有停顿，给予思考时间，与学生一起思考来提问，不用强制或惩罚的态度提问	10	
对学生的回答善于应变及引导，培养学生独立意识和解决问题的能力	5	
能适当启发提示，点拨思维	10	
提问能得到反馈信息，教师要加以分析和确认，明确问题答案，强化学生学习，促进师生交流	5	

2. 提问技能评估结果的运用

在这套评估表中，给出的评估标准简洁，也容易理解。为了使用方便，仍然给出了相应的分值，教师可以根据评分标准进行参考评价，用"好、中、差"三个等级来评价自己的行为，并根据所得到的"好、中、差"数量来评价自己的行为。

动手做

完成对一个提问技能的评价。

十、讲解技能评估

讲解技能是教师运用教学语言，借助各种教学媒体，引导学生理解、掌握教学内容，并进行分析、综合、抽象、概括，形成概念，从而认识规律和掌握原理的教学行为方式。讲解的实质是通过语言对知识的剖析和揭示，剖析其组成要素和过程程序，揭示其内在联系，从而使学生把握其实质和规律。教师在使用讲解技能时需要注意的是，语言技能是讲解的一个条件，但不是讲解，讲解技能在于组织结构和表达程序。

知识窗

重新理解语言讲授

讲什么？

讲授必须重视对讲授内容的选择、加工、重组，完成转化（课程内容——教师实际传授的内容——学生实际掌握的内容）。

怎样讲？

知识只有通过学生运用他们自己的经验予以解释才能主动建构。教师的讲授表面上是在传授知识，实际上只是在促进学生自己建构知识。因此，怎样通过讲授去促进学生进行知识建构，成为讲解要解决的问题。

1. 讲解技能评估工具表

工具箱

讲解技能评估工具表

评估标准	分值	评估结果
讲解内容正确，包含了重要的科学价值，传授的知识信息与本课题内容密切联系	15	
描述、分析概念清楚，突出重点繁简得当，揭示本质	10	
能创设情境，能提供丰富清晰的感性认识，激起学生兴趣	10	
条理清晰，逻辑性强，具有哲理，能启发学生思考，培养思维能力	10	
采用相关的例子、类比等变化方法，具有启发性能激发学生思考	10	
讲解内容、方法与学生认知水平和认知规律相当	10	
声音清晰，速度适中，语言生动有趣且有感染力，面向全体学生，注意情感交流	10	
讲解用词规范化、科学化	10	
与其他技能配合，注意发展学生多种能力，能与学生呼应	10	
注意来自学生的反馈，并及时反应调整	5	

2. 讲解技能评估结果的运用

在这套评估表中，给出的评估标准简洁，也容易理解。为了使用方便，仍然给出了相应的分值，教师可以根据评分标准进行参考评价，用"好、中、差"三个等级来评价自己的行为，并根据所得到的"好、中、差"数量来评价自己的行为。

动手做

完成对一个讲解技能的评价。

十一、变化技能评估

变化技能是教师在课堂教学中，为了引起学生注意、减轻学生的疲劳、激发学生兴趣、启发学生思维，而用变换信息传递方式或教学活动形式来改变对学生的刺激的教学行为。其主要目的有调动心理因素，提高学习效率；启发学生思维，优化教学过程；增大信息通道，强化教学效果。教师需要注意的是，在课堂教学中，信息的总效果＝文字（7％）＋音调（38％）＋面部表情（55％）。因此，在本套评估表中，对变化技能的主要内容（方式）进行了评价建议。

知识窗

感官效率和通过感官获得信息的记忆效率

	味觉	1.0%
	触觉	1.5%
感官效率	嗅觉	3.5%
	听觉	11.0%
	视觉	83.0%
通过感官获得信息的记忆效率		
通过"读"		10%
通过"看"		30%
"听""看"结合		50%
理解后的"表达"		70%
"动手做"及"描述"		90%
"听"讲解		20%

1. 变化技能评估工具表

工具箱

变化技能评估工具表

评估对象		评估标准	分值	评估结果
教态	声音	语调变化起到了传情助感作用，对学生有极强的吸引力	2	
		语速快慢合适，满足学生对信息的理解消化，调节学生的情绪，课堂教学气氛活跃、有节奏	2	
		音量适中，能使每个学生听清，声音强度与音调配合表达和谐，效果良好	2	
	停顿	停顿时机合适，逻辑停顿和情感停顿处理恰当，能有效地引起学生注意，为学生留出思考的时间	2	
		停顿时间一般以三秒为宜	2	
		停顿与声音变化结合使用，使学生有节奏感，不觉得枯燥呆板	2	
	目光接触	目光专注，与手势、停顿、语调等其他体态语结合使用，情感表达充分	2	
		环顾时视线有节奏地移动	2	
		虚视时尽量多吸收反馈信息，调整教学	2	
		对学生进行视线控制目的突出，时机恰当	2	
	面部表情	面部表情丰富，调节课堂教学气氛，解除烦躁情绪，显示信心	2	
		对正确表达教学信息和激发学生的情感具有重要作用	2	
	头部动作与手势	使用头部动作时应表达出教师的情感：满意、否定、思考、自豪……	2	
		帮助学生理解方位、数量、事物层次、概念要点，效果明显	2	
		做出某种手势的目的要明确，无随意性	2	
		手势变化适度、适当、自然大方，会给人以美感，不过碎、过多	2	
		无生硬造作手势：挠头皮、抠鼻子、敲桌子等	1	

评估对象		评估标准	分值	评估结果
教态	身体位置	位置变化符合课堂内容和要求	2	
		走向讲台时，具有明确的目的和动机	2	
		不分散学生的注意力	2	
信息传输通道和教学媒体		信息传输的目的清楚，符合课堂教学内容	2	
		熟悉每一种媒体的性质及其在教学中的意义、作用，在教学中使用恰当，得心应手	2	
		使用的教学媒体素材清晰、鲜明	2	
师生相互作用变化		教师主导作用强，教学效果明显	2	
		师生关系民主和谐	2	
		有竞争机制	1	
其他		变化及时，符合教学内容和教学目的需要	10	
		选择的变化技能符合学生的能力、学生的兴趣、教学内容和学习任务的特点	8	
		体现出针对不同的变化技能确立具体的目的原则	8	
		变化技能之间，变化技能与其他技能之间的连接流畅，有连续性	8	
		教师仪表大方，态度和蔼，课堂气氛和谐	8	
		变化技能的应用有分寸，不夸张	8	

2. 变化技能评估结果的运用

在这套评估表中，给出的评估标准简洁，也容易理解。为了使用方便，仍然给出了相应的分值，教师可以根据评分标准进行参考评价，用"好、中、差"三个等级来评价自己的行为，并根据所得到的"好、中、差"数量来评价自己的行为。

动手做

完成对一个变化技能的评价。

十二、演示技能评估

演示技能是教师在课堂上教学过程中，运用各种教学媒体，如事物、标本、挂图、幻灯、投影、录像、多媒体等，进行实际表演、示范操作，传递教学信息的教学行为方式。运用演示技能的主要目的是为理性认识提供直观感知；培养学生观察和思维能力；提高学生实验操作能力；激发学生的求知欲；强化有关的教学环节。因此，对教师演示技能的评估，应重点关注教师的演示操作技能和演示效果。

1. 演示技能评估工具表

工具箱

演示技能评估工具表

评估标准	分值	评估结果
演示的目的性与本课题内容密切结合，符合课程标准的要求	12	
演示内容正确，操作演示动作规范	12	
演示现象明显，能吸收全班学生的注意力	8	
演示程序清晰，关键步骤能重复	8	
能启发学生思考，培养思维能力	8	
演示与讲解等其他技能结合好	8	
演示开始时能将仪器交代清楚	8	
仪器装置较简单，易操作	8	
演示能确保安全可靠	8	
对演示结果能实事求是地解释	8	
注意来自学生的反馈，并及时调整	12	

2. 演示技能评估结果的运用

在这套评估表中，给出的评估标准简洁，也容易理解。为了使用方便，仍然给出了相应的分值，教师可以根据评分标准进行参考评价，用"好、中、差"三个等级来评价自己的行为，并根据所得到的"好、中、差"数量来评价自己的行为。

动手做

完成对一个演示技能的评价。

十三、课件制作技能评估

课件集文字、数据、图像、影像、音频、视频等不同媒体为一体，使教学过程形象化、立体化。课件制作是今天的教师不能回避的技能，更是大数据时代教师和学生的一种共同需要，无论从哪个方面来看，教师的课件制作技能都能称为教师的一项基本技能。因此，在本套评估表中，对课件制作技能的主要内容（方式）进行了评估，也就是给教师提出了相应的建议。

1. 课件制作技能评估工具表

工具箱

课件制作技能评估工具表

评估对象	评估标准	分值	评估结果
教学目的和教学设计	课件内容和形式符合课程标准和教学目标	5	
	素材选用恰当，符合学生的认知特点	5	
	有清晰的文字介绍和帮助文档，无缺失	5	
	体现了教师的个人教学风格	5	
教学内容	资料准确，并完整地注明资料出处	5	
	资料进行了认真的研究、分析和整理	5	
	课件内容丰富、科学规范，表述准确、规范	5	
	课件的选材适当，与教学内容关系密切，表现方式合理	5	
	演示文稿中有自己的见解，思路清晰	5	
	语言简洁生动，图片清晰，文字规范	5	
技术应用	课件运行稳定，操作方便、快捷	5	
	链接、导航技术等技术应用得当，且简便易行	5	
实用有效创新	课件能够帮助教师完成教学目标，在实际教学中有推广价值	8	
	教学难度降低，学生接受简便，课堂活跃，教学效果明显	6	
	课件立意、内容、呈现方式新颖	6	
整体效果	课件结构合理，容量合适，主次分明	8	
	课件界面设计美观大方，简洁清晰，风格统一，具有一定的艺术特点	6	
	课件交互性好	6	

2. 课件制作技能评估结果的运用

在这套评估表中，给出的评估标准简洁，也容易理解。为了使用方便，仍然给出了相应的分值，教师可以根据评分标准进行参考评价，用"好、中、差"三个等级来评价自己的行为，并根据所得到的"好、中、差"数量来评价自己的行为。

动手做

完成对一个课件制作技能的评价。

十四、作业达标评估

教师的教学工作不但包括课堂教学部分，也包括课后作业部分。这是因为，不少课程内容的学习和巩固既要依靠课上的学习，也要依赖于学生课后的练习和作业。因此，教师的课上教学与学生的课后练习是相辅相成的，既然精心选择了习题，也认真地编制了练习题，就必须要评价这些练习题到底发挥了什么作用。在此，我们相对多介绍一点内容给大家。

动手做

你怎么看待电子作业？

1. 作业达标评估工具表

工具箱

作业达标评估工具表

评估对象	评估标准	结论	
		是	否
作业布置	作业内容是否值得做		
	教师对这项作业所涉及的知识范围和背景是否有较充分的了解		
	能否激发学生的学习兴趣		
	学生是否了解做这个作业的真正原因和意义		
	作业要求是否清晰		
	作业任务是否具体		
	作业是否根据学生的不同能力、兴趣和个性特点来安排		
	作业的数量和难度是否恰当		
	学生是否知道怎样去完成作业		
	课堂教给的方法和材料是否能被有效地利用		
	学生是否有完成作业所必需的背景知识		
作业分析			

2. 作业达标评估的主要内容

（1）目的明确

每次练习、作业不仅要适应学科特色的总要求，而且要具体到题目的个别要求中去：用于巩固已学知识，用于为学习新知识做准备，用于培养基本能力，用于掌握基本概念……

需要强调的是：命题意图不仅教师要做到心中有数，也要让学生了解，以增强练习和作业的效果。

（2）针对具体

作业和练习要与课堂教学密切配合，要准确、全面覆盖相关知识，突出重点，解决难点。因此，习题要典型，有代表性，要针对学生在不同阶段的学习情况，恰当安排基本题、变式题、提高题、综合题等题型的比例。还要针对不同对象的学生，设置必做题、选做题、追加题、订正题等试题类型，以保证全体学生能按期完成本阶段学习任务，达到基本教学目标，还能使优等生、特长生得到发展。

（3）可操作

练习题要有一定的思维性和操作性，而让学生通过动脑、动口、动手获得良好的发展。练习题型要灵活多变，既要有主观题，又要有客观题，并适当提高客观题的比例。题目难度要合理，按"认知、理解、应用、分析、综合、评价"的要求，形成一定的梯度。要利用一切可能的条件，布置一定量的实验、实习、操作性作业，或统计、设计、创作等全面锻炼学生能力的新型作业。

在设计练习题时，教师不仅要拓宽思路，还要尽可能多、尽可能早地掌握国内外此类研究的新动态，引为已用，但必须杜绝照抄照搬的现象。

（4）适量

作业、练习应提高"质"，控制"量"。教师要精心选择和编制作业，既不多占用学生时间，又起到作业应有的作用。一般要求：语文、数学、外语三科课外作业量平均每次不超过半小时；物理、化学两科课外作业量不超过 20 分钟；其余各科不留课外作业，但要有课堂练习和作业。为了有效地控制作业量，各科作业还要体现一定的系统性，适度地控制和调节复习效率和复习周期。

（5）标准清楚

每门学科都应要求学生的书面作业做到：步骤完整，行款规范，字迹工整，标点正确，卷面整洁。实践作业做到：先想后做，合乎要领，有条不紊，动作协调。督促学生养成作业习惯，及时、独立完成作业。

（6）认真批改，及时反馈

教师应认真批改作业，及时反馈校正，决不能只布置，不批改，或只批改，不讲评。批改和评定时，教师一律用红笔批改和评定等级，正确的画"√"，错误的画"×"，分别以"优""良""中""下"评定等级，并形成学期平时成绩记录。对于学生作业中的关键性错误，要予以修正或以红线画出，并要求及时订正；必要时需加眉批或总批予以说明、指导。对于学生订正的作业，要再行批改；未订正的作业要坚持要求订正；必要时要面批。此外，学生每做一次作业和练习，教师都要进行分析和记录，然后再分析存在问题及其原因。对于学生作业中普遍出现的错误或典型性错误，要及时评讲，并辅之以学法指导；对于个别学生反复出现的错误，要以面批的形式进行个别辅导和谈话；必要时，可适量追加同类作业，但不能过分加重学生负担。追加作业量每天不能超过半小时。

建议：在节假日、星期天，教师必须保证学生有足够的时间休息，尽量不布置或少布置作业。

3. 作业分析方法

作业分析是教师的基本技能，是评价学生对自己教学努力的回报程度的一种方式。作业分析的方法很多，一般常用以下方法进行分析：

（1）作业标准多层化

教师事先制定好评价标准，然后采用分层评价的方式进行作业批改和评价。教师制定的作业标准可因层而异、因人而异，重在激励。此外，除了不同作业评价标准不同外，对同一题目针对不同层次的学生，也可以采用不同的等级标准，比如，规定必做题和选做题等，使"学困生"达到较低标准时也有得优的机会，使优等生在较高标准下追求更高质量的作业。在制定标准时，要鼓励不同层次的学生在完成相应层次作业的同时，努力向高一层次标准努力，并设计好鼓励的方式和方法，让学生在竞争氛围中不断进步。

（2）作业批改多样化

在作业评价过程中，应尽量让学生参与评价。一是采用课堂中当面评价、优生帮助评价的方式。对于能在课堂内做的作业，完成后立即由教师当堂当面批改；对于错误较多的作业类型，特别是有共同特点的作业，应立即帮助其分析、纠正错误，使其掌握；对于优生帮助教师完成的作业，可让这些学生在课堂上进行作业分析，并帮助学习有困难的学生。二是在课堂中由学生互相批改。教师先公布标准答案后由各小组学生讨论，然后由各小组进行批改。在这个过程中，由各小组学生轮流担任作业评价组长，对本小组作业"把关"，并对批阅的情况做好小结、交流。教师主要负责对小组批改后的作业进行抽查，对作业中存在的共同问题、疑难问题进行复批或面批。三是在课后由教师按照分层抽样的原理，在每一组同学的作业中随机按层抽取 3—5 本学生作业进行面批、精批及辅导，其余学生的作业则由这些被面批的同学批改，并负责"辅导"本组学生。四是课代表批改。课代表先和教师讨论，弄清楚作业标准后负责批改，并挑出有疑义的和好、中、差三类作业各 5 本给教师"复查"，教师从中了解各层次学生的作业情况，进行分类辅导。

（3）写好作业分析报告

作业分析报告是教师为了清楚掌握学生作业情况进行分析的记录过程，包括文字式和表格式两种。文字式的分析报告比较全面，表格式的报告比较直观，两者各有优势。

工具箱

文字式作业分析报告格式（评价教师）

序号	评价内容	评价标准
1	综述	简述作业布置的基本目的和学生完成情况
2	做法	简述作业发放方式和目的、过程
3	优点	总结出本次学生完成作业过程中的优点
4	不足	指出存在的问题与需要改进的建议

表格式作业分析报告格式（评价教师）

评比对象	评价标准	分值	评价结果
内容及题型	作业题型精选，内容符合课程标准和教材的要求	15	
	题型要多样化，难易适中又要有一定的梯度，有利于学生理解和巩固所学的知识，发展学生的智力	15	
	具有探究性，作业布置达到课下巩固课堂知识要求，效果明显	10	
	符合本学科特点，格式符合规范要求	10	
作业布置	作业书写认真、字体工整、无乱涂乱画，卷面整洁	10	
	布置分层次作业、选择性作业，体现因材施教的要求，注重学生所学知识在实际生活中的应用	10	
	作业量要适度，既能达到很好的练习作业也能对学生有所提高	10	

续　表

评比对象	评价标准	分值	评价结果
作业批改	批改及时、认真，做到每次能批改	4	
	积极向上，有较高的指导性	4	
	订正及时、认真、不草率	4	
	每次有作业评价	4	
	关注每一名学生，不厚此薄彼	4	

表格式作业分析报告格式（评价学生）

评比对象	评价标准	分值	评价结果
作业本	干净	8	
	整洁	8	
	无卷角	8	
作业内容	作业认真，正确率高	12	
	解题方法灵活、简捷、合理	12	
	错误及时改正（不用修正液）	12	
	答题格式符合学科要求，遵守科学规范	12	
作业习惯	书写认真、规范、工整、清楚	10	
	独立完成，不抄袭	10	
	按规定时间完成并上交	8	

动手做

你对学生作业评价一般采用什么样的方式进行？分析一下。

十五、学生试卷分析技能评估

工具箱

学生试卷分析表

学校名称				年级	_____年级	
				科目	_____学科	
统计项目	应考数	实考数	平均分	及格率	优秀率	低分率（40分以下）
年级情况						
本班情况						
试题分析	特点					
	难度					
	区分度					
	覆盖面					
	其他					

续　表

各类题型学生答题情况及错误原因分析	
命题建议	
教学建议	

动手做

完成一份学生试卷分析。

十六、课堂评价语言评估

教师的评价语言作为动态评价的一种主要方式，一直存在于课堂管理的始终。这种评价如果能作为教师的一种"习惯"，并掌握好评价的艺术策略，将会弥补教师在教学技能上的某些不足，为教师的教学技能并最终形成自己的教学风格添彩。反之，教师如果不清楚课堂评价语言的重要性，不去研究课堂评价语言的策略，不能形成自然和谐艺术的课堂评价语言风格，其课堂评价语言虽然建立在尊重学生的基础上，但会存在机械、重复、轻率、单一等倾向。这种随意性的评价，会导致学生形成浅尝辄止和随意应付的学习态度，闭塞学生的创造性思维，使评价失去其应有的价值和积极意义。

1. 课堂评价语言原则

（1）明确性

课堂语言应建立在心理相容和情感共鸣的基础上，做到理中蕴情、通情达理。教师评价语言对学生有直接的感染作用，得体而指令明确的评价语言能引导学生进入一种学习境界。教师在评价时，要善于创设情境，以评价为纽带，激发学生并使学生心理处在兴奋状态，从而提高学习效率。

（2）启发性

评价语言除了对学生行为做出一定的肯定和否定外，主要是激发学生的主体意识，增强其学习的内动力，引导学生质疑问难，多为学生制造悬念和创设意境，激发学生思维的积极性和求知渴望。

（3）幽默性

灵活多样、幽默风趣、充满激情的评价语，会使课堂呈现出勃勃生机，能最大限度地调动学生学习的主动性、积极性，活跃课堂的气氛。

（4）丰富性

课堂评价语言不能简单对学生的行为进行肯定和否定，特别是不要轻易否定学生的回答。教师应运用自己巧妙、机智的语言来纠正、鼓励学生的回答，注意情绪导向，做到引而不发。

案例库

小学教师的课堂评价语言。

一、对正确回答的评价

1. 很好！你的回答很精彩，让人佩服！

2. 太好了，这样的回答很有创意，希望继续保持下去。

3. 太棒了，我们都为你的出色表现而自豪，继续加油！

4. 你的进步真的很神速！

5. 你的进步实在是太大了，今天的表现更让大家刮目相看！

6. ××同学说得真不错，我们都要向你学习，请继续努力！

7. 回答得真好！非常有创造性！

8. 回答得棒极了！像××这样的学习态度特别好，不但能理解教材上的内容，还有自己的见解！

9. 认真、努力、积极、思考，就会有好好的收获，就像××同学一样。

10. 多么富有创造性的思考，你真行，很棒，继续发扬！

11. 大家都喜欢你的回答，你的见解真独特，继续努力，希望能够给我们更多的惊喜。

12. 这种方法很有新意，你能告诉我们你是怎么想出来的么？

13. 如果能从××角度来考虑这个问题，会不会更好一些？

14. ××同学的表现真不错，大家给他一些鼓励，鼓掌！

15. 很好的回答，你是怎么做到的？

二、对错误回答的评价

1. 你的回答不错，请你想一想，如果这样……改一下，结果会是什么？

2. 你很聪明，思考速度很快，要是在……说得更清楚具体些，那该有多好呀！

3. 今天你的表现真棒，每次都积极举手发言，而且一次比一次进步。下次回答问题前先听听别的同学的意见，看能否提出一个新的答案出来，行吗？

4. ××同学的回答虽然……，但他积极思考、积极回答问题的行为值得鼓励，大家要像他那样勇于发表自己的见解。

5. 好，你先坐下，听听其他同学是怎么想的，然后再来补充，好吗？

6. 还有没有补充的？再想想，没有？问问其他同学，有没有补充的？

7. 不要急，再好好想一想，我们相信你一定行！

8. 你能举手回答真好，这个问题的……？请你再想一想（再说一遍），好吗？

9. 别着急，你看先这样……，然后再……明白了么？答案是什么？

10. 谢谢××同学，感谢你的积极参与，让我们再来听听其他同学的回答，好吗？

三、对小组讨论的评价

1. 今天大家的讨论很热烈，很有成效，大家的建议很有特色，值得大家学习！

2. 你们的配合真默契，分工很清晰，体现出了合作的效果了吧？

3. 很好，小组内还有成员要补充吗？其他小组有不同意见吗？

4. 看出来了吧？集体的力量就是大，你们把这个问题的方方面面都想到了，以后，是不是更要重视集体的力量？是不是更应开展更多、更好的合作？

5. 这一组同学说得（读得）非常……，把……理解得很透彻！

6. 这个小组同学的合作探究很有特色，不但分工明确，而且还互相帮助，团结就是力量，大家都看出来了吧？

7. 你们小组真有团结、合作的精神，值得表扬，希望继续发扬！

8. 你们很会观察，很会思考，发现问题的方式也很特别，非常了不起！这个问题，你们试一下，能否再换一个角度想一想，看看有什么结论出来？

9. 你为你们一组又增添了一份光彩，大家向他表示祝贺！

10. 你们这一组合作得非常……！小组每个成员都通过了……，大家把手合在一起，"嗨"一声！

课堂教学评价语言。

一、学生听讲认真

在课堂上，教师如果发现学生听讲很认真时，不失时机地说出以赞扬为主的评价语言，既能树立榜样，又能让学生树立信心，同时能感染、熏陶、带动其他同学，实现了以课堂评价代替课堂管理的目的。

主要评价语言可以是：

1. ××同学听得这么专心，老师由衷地谢谢你。

2. 老师最喜欢大家专心听讲的表情，因为这会使老师快乐，给我鼓励。

3. 我说清楚了么？从你们的神情、姿态上，我能感觉到，你们听明白了。

4. 我们班的同学都非常优秀，从听课的情况反映出，我们班是一个素质良好的集体。

5. 倾听是分享成功的好方法，欣赏是学习的发动机！看，××同学正在分享着大家的快乐，我相信他已经有了很大收获！

6. ××同学边听边思考，回答问题很积极，大家要向他学习！

7. ××同学的思考比较新颖，不错！

8. 听得认真不但是一种方法，也是一种态度，更是一种尊重他人的素养啊！

9. 这么厉害?! 连这样的细节你都注意到了！

10. 第四组的同学，我感受到了你们特别认真，注意力特别集中。

11. 今天大家变化很大！这么认真听讲，还会积极思考，感谢大家！

二、学生走神、注意力分散

学生在课堂上出现走神和注意力分散的情况，是非常正常的，这和青春期孩子的特点有关。当学生在课堂上出现走神、注意力分散现象时，教师应以激励为主，帮学生认识自我，进而改变自我。

主要评价语言可以是：

1. 大家注意听听××同学的发言，等他发言结束后，我会找五名同学起来对他的发言进行评述，评述的方法是，第一名同学重复××同学的观点，讲一条自己的观点；第二名同学重复前面两名同学的观点，再补充一条自己的观点，依次类推，我说清楚了么？

2. ××同学，我刚才说的，你是否听清楚了？能否给大家讲解一下你的体会？

3. 我刚才观察到××同学听得最认真，固然不错，大家看他回答问题时的从容就知道了。其实，同学们，会"听"也是会学习的表现，希望大家要学会"听"。

4. ××同学，你自己评价一下这节课的收获是什么，可以吗？

5. ××同学，你认为这节课哪位同学听讲最认真？……你也会做到的？抓住机会好好表现一下吧！

6. （当发现有同学开始走神时，可以提示一下）××同学，看你有些急不可待了吧？好，这个问题交给你了，你帮老师把下面的内容（将这道题）给大家讲一下。

7. ××同学非常聪明，他要是上课听讲更认真一些的话，我们大家都得快步跑才能跟上他的！

8. 同学们，尊重（欣赏）别人，你就会得到更多人的尊重（欣赏）！

9. ××同学，你的眼神告诉我，我说得不是很清楚，是吗？是否需要我再讲一遍？（是）好的，这次可要认真听呀！

三、教师与学生交流学生已经听懂时，教师可以进行赞许式的鼓励性评价：

1. 谢谢你，你说得很正确，很清楚。

2. 说得非常棒！很有创见，很有新意，请再响亮地说一遍。

3. 说得太好了！老师非常高兴你有这样的认识！

4. 今天大家的讨论很热烈，参与的人数也很多，大家的结论都很有见地，很有质量，我为你们感到高兴。

5. 回答非常棒！既完整又好听。

6. 你们的问题提得很好，很有质量，这是善于思考的结果。

7. 你的问题很有价值，看来你是经过用心思考了的。

8. 大家的问题很有质量，一下子就问到了点子上，能抓住重点来提问。

9. 我们的同学的思维很活跃，这些问题提得很好。

10. 你的思维很独特，你能具体说说自己的想法吗？

11. 你又想出新方法了？很好，真会动脑筋，能不能讲给大家听一听？

四、学生听的不完全懂，回答也不是很完整时，教师可以采用这样的评价方式和学生交流：

1. 还不错，你觉得回答的完整么？好，想听听别人是怎么想的吗？仔细听一下，看他的发言对你有什么启发？

2. 他的回答你听清楚了吗？好在哪里？你可以给他进行补充吗？

3. ××回答完毕了，哪一位同学再补充一下？

4. 按照你的思路，如果……会怎么样？你想想，如果这种情况出现了，你会怎么办？

5. 先不要着急得出答案，让我们一起来试试看，对于刚才提出的问题，哪些自己已经想到答案了，哪些还没有得到解决？

6. 别急，再想想，把思路捋一捋，一定能行的！

7. 你的回答比较完整，你看看，在……地方这样处理一下，会是什么结果？

8. 这次比上一次进步了许多，别急，慢慢想，老师相信你会想出来！

五、学生有时会紧张，出现回答不好的情况，老师仍然是要以鼓励为主，引导学生说出来。如：

1. 你真了不起！看看，如果你不紧张，是不是很不错啊？如果你刚才坐下了，不就失去了一次很好的机会了吗？

2. 这个问题有些难度，想××同学正在思考，我们再给他一点时间，好吗？

3. 不要怕，别紧张，回答问题是向大家推荐自己的好办法。

4. 不要紧张，说错了没关系，我们都等你。

5. 没关系，大声地把自己的想法说出来，我知道你能行！

6. 这么好的想法，为什么不大声地、自信地表达出来呢？

7. 心动不如行动，让我们一起来研究吧！先看这样行不行……？

8. 有点紧张是吧？先做一下深呼吸，试一试，相信自己，老师知道你能行！

六、在班级小组合作活动结束后开始交流展示时，教师要及时给予鼓励：

1. 你们这个组的建议很有特色，值得大家关注！

2. 你们的配合真默契，结论也非常不错，加油！

3. 很好，小组内还有成员要补充吗？其他小组有不同意见吗？

4. 你们这一组合作得真好，把这个问题的方方面面都想到了，祝贺你们！

5. 你们这一组同学说得非常……，把……理解得很透彻，团结就是力量，在你们这一组体现得真到位！

6. 你们这一组合作很成功，观察的视角很独特，应该向更深的方向进一步。像这个问题，你们能再换一个角度，继续探究一下吗？

课堂评价语言的艺术性，不仅评价思维成果，还要评价思维过程、思维方法，既有批判性评价，又有激励性、鼓动性评价。在评价时，教师还要注意对不同的学生给予不同的评价，让学生满怀信心、积极主动地投入到学习活动中去，有效地实现教学目标。

动手做

提出一个教学语言修改方案。

第四单元 教师专业能力评估

　　教师要实现从"教书匠"到"教育家"的升华，必须要做研究型的教师。要做研究型教师，就离不开两个关键环节：写和研。教师的"写"主要有教育日志、教育叙事、教育案例、教育反思和教育论文五个方面的写作。教师的"研"，对于一线的中小学教师来说，主要是研究"把问题当课题"的微观课题。事实上，一线教师具有许多专家们都无法比拟的优势，那就是用来研究和展示自己的素材实在是太多太多了。一线教师要不写作和研究，实在是太可惜了。

一、教师写作技能评估

　　作为中小学教师行动研究成果的主要表达形式，研究日志、教育叙事、教育案例、教学课例、教育反思和教育论文在教师的成长中具有十分重要的意义。其写作本身就是"一种有效的学习过程，也是描述、综合、分析和阐释经验的过程，是表达我们知道什么，如何得知这些，为什么知道其重要性（如果确实是重要的）的重要过程"。

1. 教师教育日志的写作技能评估

教育日志是教师对生活事件定期的记录，它有意识地、生动地表达了教师自己，也被称为教学日志、工作日志、教师日志，是教师表述其行动研究成果的重要方式之一。与其他形式的行动研究成果相比较，研究日志的撰写最为简单和熟悉，可随时随地采用任何方式撰写。

经过整理的教育日志本身就是行动研究的成果，其初稿也可作为其他行动研究成果的素材。此外，教育日志还有更为重要的作用：一是可以作为一种收集资料或分析资料的工具来使用；二是由于日志中所呈现的"我"是研究的主体，所呈现的周边情境是教师曾经过、研究过的场景，因此，教师在撰写日志过程中可增加自我了解，增进对自我困惑的觉察；三是在现有成功案例中，许多教师都是依靠研究教育日志获得成功的。通过撰写研究日志这种方式，教师可以定期地回顾和反思日常的教育教学情境。在不断地回顾和反思的过程中，增强教师对教育教学事件、问题和自己认知方式与情感的洞察力。

动手做

写出教育日志的主要格式特点

工具箱

教师教育日志的写作技能评估工具表

评估标准	分值	评估结果
每天或几天记录一次，至少每周记录一次		
日志内容不仅有对生活事件定期的记录，更多了解自己的假定，包括教师所观察到的、所感受到的、所解释的和所反思的内容，其主体部分为教师对观察的记录和白描		
内容具体清楚，不要采取概括方式来写，要包括具体的想法、工具、手段等		
具有收集资料或分析资料的工具性特征和功能		
能增加自我了解，增进对自我困惑的觉察，解决问题过程叙述详尽		
内容真实，现象和过程记录清楚		
文字表达过程中，要尽力把看似零碎的片段和事件整合在一起		
将事件记录与事件分析结合起来，在形式上保证有一定量的分析		
文本结构符合规范，基本信息清楚：事件日期；脉络性资料[时间、地点、参与者、研究地点以及其他（如：不寻常的天气）等看起来可能对研究很重要的事]		
对他人有借鉴意义，能促进教师自我成长		

动手做

完成对一个教育日志的评价。

2. 教师教育叙事的写作技能评估

教育叙事，简单地说，就是讲有关教育的故事。它是教师叙述自己在教育教学中经历的、发现的真实情境的过程。其实质是通过讲述教育故事，体悟教育真谛的一种研究方法。但教育叙事并非是为了讲故事而讲故事，而是通过教育叙事展开对现象的思索，对问题的研究，是一个将客观的过程、真实的体验、主观的阐释有机融为一体的一种教育经验的发现和揭示过程。通过教育叙事的方式，让教师把自己在过去教育生活中司空见惯的幽微细节重新审视，去发现其中细微的教育蕴含，从而把作为叙事者的教师自身的思维触角引向自我教育生活的深层，使看似平淡的日常教育生活显现其并不平凡的教育意义。

教育叙事的特点主要包括：叙述事例必须是已经发生的、真实的；叙事要以人物及其所感所想为主线；故事情节应该跌宕起伏、扣人心弦；教育叙事应令读者有身临其境之感；获得某种教育理论或教育信念的方式的归纳；叙事目的不是自我陶醉，而是与众人分享……因此，对教师教育叙事写作技能的评估，也围绕这些特点展开。

需要强调的是，一线教师在进行教育叙事研究时应该注意以下问题：一是叙事研究不仅仅是经验的呈现方法，更要研究教师日常行为背后所内隐的思想，教师生活故事中所蕴含的理念，为教师行为找到理论的支撑，为教师的生活建构思想的框架。二是明确研究者在叙事研究中的角色，为教师的教育活动赋予意义。三是教育叙事由解说者描述和分析，要倾听教师内心的声音，感受教师的主观世界，体验教师的生命律动，探寻教师的行为意义。四是教育叙事的价值评判标准是多元的，可以从不同维度进行评判。

工具箱

教师教育叙事的写作技能评估工具表

评估标准	分值	评估结果
思考的问题具有前瞻性，与国家教育发展改革同步		
叙事主题清楚，来源于某个或几个教学事件，不是先以某个理论问题作为基础，再选择几个教学案例作为例证，是"实际联系理论"		
文体为教育记叙文而非教育论文，能体现其研究价值		
内容是在自我反思基础上形成的，以叙述为主，夹叙夹议，能够真实、深入地反映研究的全过程和作者的思考		
叙事的内容易于理解，不是简单的记录生活，而是观察与思考生活		
确立自己的教育理念，唤醒教师主体意识，促进教师专业发展		
内容接近日常生活与思维方式，有典型性，能让读者有心灵的触动，可帮助读者在多个侧面和维度上认识教育实践		
具有收集资料或分析资料的工具性特征和功能		
能创造性地再现事件场景和过程，给读者带来一定的想象空间		
文本结构符合规范		

动手做

完成对一个教育叙事技能的评价。

3. 教育案例的写作技能评估

案例是理论的故乡，案例写作是研究。教育案例是一个教育情境的故事。也就是说，在叙述一个故事的同时，还应发表一些自己的看法，也就是点评。由此看来，一个好的案例，就是一个生动的故事加上精彩的点评。

案例与教学实录的体例比较相近，其区别也体现了案例的特点和价值。同样是对教育情境的描述，教学实录是有闻必录，而案例是有所选择的。至于怎样选择，就要看案例撰写的目的和功能了。

教育案例的写作，实际上是教师教育经验的表达与分享，是教师对某个教育、教学事件发展全过程的完整叙述和理性思考，并用第一人称讲述自己亲身经历而又隐含哲理的教育、教学故事。

工具箱

教育案例的写作技能评估工具表

评估标准	分值	评估结果
思考的问题具有前瞻性，问题要具体、独特、个人化，与国家教育发展改革同步		
案例具有真实性：尊重客观事实，暴露真实自我，表达真实思想		
案例具有典型性，能以小见大		
案例具有可读性，有情节、有细节（表现故事内容的重要元素：场景、人物行为、对话、心理活动……）		
案例有意义，能承载教育意义		
主题明确，文字简练		
唤醒教师主体意识，促进教师专业发展		
具有收集资料或分析资料的工具性特征和功能		
文本结构符合规范		

动手做

完成对一个教育案例写作技能的评价。

4. 教育反思的写作技能评估

只会责备别人，不会反思自我，是许多老师的"常态"，经常听见有老师在抱怨："这个班的学生没法教了，这么简单的问题，我都讲十遍了，他们还不会！"你都讲十遍了学生还不会，是学生的问题还是教师的问题？所以说，人若没有科学态度就不能知彼，没有反思精神就无法知己。

教育教学反思是教师以自己的教学活动为思考对象，来对自己所做出的行为、决策以及由此所产生的结果进行审视和研究的过程，是一种通过提高参与者的自我觉察水平来促进能力发展的途径。简单地说，教育反思就是研究自己如何教、如何学的问题。

教育反思是最近几年比较热门的教育话题（事件），这是因为教育反思对教师专业发展的意义重大。教师的专业发展是指"教师自身专业素质，包括知识、技能和情感等方面的不断提升、持续发展的过程，是由非专业人员转向专业人员的过程"，其核心是使教师成为研究型教师，而教育反思有助于教师将专家的理论与自身的实践相结合，并在总结实践的基础上不断变化自己的知识体系，从而促使经验型教师向研究型教师转化，实现教师的专业化发展。通过教育反思，可以使教师将理论与实践、思想与行动联系起来，实现条件性知识和实践性知识的融合，提高教师的问题意识和教育科研能力，从而促使经验型教师向研究型教师的转化。

因此，反思不是一句口号，要有批判精神，缺乏批判的反思就是伪反思。

工具箱

教育反思的写作技能评估工具表

评估对象		评估标准	分值	评估结果
反思主题		思考的问题具有前瞻性，问题要具体、独特、个人化，与国家教育发展改革同步		
		反思的方式具有批判精神		
		主题明确、清晰，立场鲜明		
反思内容	反思成功	反思教学过程中达到预先设计的教学目的，引起教学共振效应的做法：我是怎么做的？这么做有什么优势和不足？需要改进的地方有哪些？应该怎么改？从哪里开始改？五个步骤齐全		
		课堂教学中临时应变得当的措施：我是怎么做的？这么做有什么优势和不足？需要改进的地方有哪些？应该怎么改？从哪里开始改？五个步骤齐全		
		层次清楚、条理分明的板书：我是怎么做的？这么做有什么优势和不足？需要改进的地方有哪些？应该怎么改？从哪里开始改？五个步骤齐全		
		某些教学思想方法的渗透与应用的过程：我是怎么做的？这么做有什么优势和不足？需要改进的地方有哪些？应该怎么改？从哪里开始改？五个步骤齐全		
		教育学、心理学中一些基本原理使用的感触：我是怎么做的？这么做有什么优势和不足？需要改进的地方有哪些？应该怎么改？从哪里开始改？五个步骤齐全		
		教学方法上的改革与创新：我是怎么做的？这么做有什么优势和不足？需要改进的地方有哪些？应该怎么改？从哪里开始改？五个步骤齐全		

第四单元　教师专业能力评估

评估对象		评估标准	分值	评估结果
反思内容	反思不足	对于不足之处：我当时是怎么做的？为什么要这么做？需要改进的地方有哪些？应该怎么改？从哪里开始改？五个步骤齐全		
	反思教学机智	智慧的火花：如何产生的？其深层次原因有哪些？需要改进的地方有哪些？应该怎么改？从哪里开始改？五个步骤齐全		
	反思学生创新	如何产生的？其深层次原因有哪些？需要改进的地方有哪些？应该怎么改？从哪里开始改？五个步骤齐全		
	反思再教设计	摸索出了哪些教学规律？教法上有哪些创新？知识点上有什么发现？组织教学方面有何新招？解题的诸多误区有无突破？启迪是否得当？训练是否到位？……基本内容齐全		
写作技巧		文字简练		
		案例具有真实性：尊重客观事实，暴露真实自我，表达真实思想		
		例证充分，论证科学		
		案例具有典型性，能以小见大		
		文本结构符合规范		
反思效果		以立足今后怎么做为核心，提出了具体科学合理的建设性意见		
		唤醒教师主体意识，促进教师专业发展		
		提高了教师的科研能力		

动手做

完成对一个教育反思技能的评价。

5. 教育论文的写作技能评估

教科研能力是现代教师必备的基本素质之一。撰写教育论文，既是教师教科研能力的一种具体的展示，又是不断提升教师教科研能力的一种有效的途径和方法。

论文是指系统地讨论或研究某个问题的文章。讨论或研究就是论，即分析问题、说明道理。如果教师写的文章是对某一个问题的认识，并说明为什么有这样的认识，这就是论文。如果教师研究的问题在教育教学的范畴内就可以称为教育论文。现在的论文概念已经扩大，常见的教材分析、教法研究、学法研究、解题研究、课例评点、教学一得、育人一得等，都看成是教育教学论文。

工具箱

教育论文的写作技能评估工具表

评估对象		评估标准	分值	评估结果
		格式标准		
论文主题		选题新颖，具有前瞻性		
		选题具有时效性，与国家教育发展改革同步		
		选题以小见大，符合教师自身实际		
		主题正确、科学、清晰、立场鲜明		
标题部分	标题	标题简单清楚，主标题一般不超过20字（若超过用副标题）		
		标题准确、妥当，与论文内容和主旨相符，与论文的研究范围和深入程度相符		
		标题新颖，能体现独特的研究视角，能吸引读者注意		
	作者及单位	作者姓名无误，包含人员齐全		
		作者所在单位表述符合规范：单位名称、单位所在地区邮政编码		
	摘要	概括简短、明了，能让读者迅速总揽论文内容		
		以提纲文献内容梗概为目的，不加评论和补充解释，陈述简明确切		
		准确：能反映论文的目的和内容，无论文中未出现的内容		
		自成一体，独立成篇，四个要素齐全（研究目的、方法、结果和结论）		
		无对论文内容诠释和评论内容，用第三人称，不使用"本文""作者"等作为主语		
		简练具体：无引言中出现的内容，不得简单重复论文中已有内容。字数一般在300字左右		

评估对象		评估标准	分值	评估结果
标题部分	摘要	文字简练，采用条理清晰、措辞有力的形式写作		
		无非公知公用的符号和术语，不用引文、缩略语、略称、代号，除相关专业读者能清楚理解之外，在首次出现时应说明		
	关键词	能表示全文主题内容		
		一般为3—8个名词或词组		
		外延适中，避免用方法、问题、作用、对策等作为关键词		
	分类号	符合《中国图书资料分类法》规定		
		设计多学科的论文，应给出几个分类号，之间用"："分隔，主分类号排在首位		
	文献标识码	文献标识码正确，符合《中国学术期刊（光盘版）检索与评价数据规范》		
主体部分之引言		能简要说明研究工作的目的、范围、相关领域的前人工作和知识空白、理论基础和分析、研究设想、研究方法和实验设计、预期结果和意义等		
主体部分之正文	实验与调查研究类：方法结果讨论	方法：尽可能详尽而准确地描述各个成分，目的是能够使别人重复你的研究		
		结果1：将原始资料整理后用图或表呈现出来，还要告诉读者根据图发现了什么		
		结果2：只陈述事实，不解释研究结果，不夹叙夹议		
		结果3：实验的原始记录不放在结果中，如有必要可放在文章附录		
		结果4：交代清楚所使用的统计检验方法，是否表现出显著性差异		
		讨论1：与前言、结果呼应		
		讨论2：可对研究结果进行评估，解释其意义，特别是与初始假设有关的结果，也可对结果进行推论		

续　表

评估对象		评估标准	分值	评估结果
理论或综述性文章类		文章篇幅较小，在形式上没有明显的段落划分，由文章内在的逻辑形式形成文章的段落层次		
		文章的篇幅较大，在形式上明确地划分为几个部分，各部分用"一、二、三"等序号标明，可以不写小标题		
		文章的篇幅较大，在形式上明确地划分为几个部分，各部分加上明确的小标题		
主体部分之结论		根据研究的全部结果，使读者对于研究发现有简明而全面的认识和了解		
		结论应具有客观性和恰当的概括性		
		结论一定要具体，不可夸大本研究的结果和使用范围		
主体部分之参考文献		可反映作者的科学态度和负责精神，可反映论文具有真实、广泛的科学依据，也反映出该论文的起点和深度		
		能方便地把论文作者的成果与前人成果进行区分		
		能起到索引作用		
		有利于节省论文篇幅		
		有助于科技情报人员进行情报研究和文摘研究		
		文献类型标识及载体标识符合 GB/T 7714—2005《文后参考文献著录规则》规定		
表格处理		表格应结构简洁，具有自明性		
		尽可能采用三线表，必要时加辅助线		
		表格应有表序和表题		
		序号和表题居中排与表格上方，两者之间空 1 字		
		表序以阿拉伯数字连续编号，仅有 1 表者，于表题处标明"表 1"		
		表内数据一律采用阿拉伯数字		
		个位数、小数点位置应上下对齐		
		需转页时，应在续表上方注明"续表×"，表头重复排出		

续 表

评估对象	评估标准	分值	评估结果
插图规范	插图和照片应比例适当，清楚美观		
	图中文字与符号一律植字		
	插图应标明图序和图题，序号和图题之间空 1 字		
	图序以阿拉伯数字连续编号，仅有 1 图者于图题处标明"图 1"		
	图题一般居中排于图的下方		
	图一般随文编排，图较多时可集中排在文末或其他适当位置		
价值标准			
科学性	观点理论内容方法正确		
	有事实依据，结论可靠性高		
	能从一般的教育经验梳理、总结上升为一定的理论或方法		
实践性	探讨总结了教育中亟待解决或值得研究的问题		
	对改进教育工作有实践价值		
	可操作性较强		
创造性	对教育教学实践中的问题提出了自己的见解，并有论证		
	对一线教师的教育教学具有较强的指导意义		
	能联系实际，正确运用教育教学中的某些原理和方法，反映现代教育理论、国家或地区教育改革的发展方向		
文字表达	有论有据		
	说理清楚		
	结构完整		
	用词恰当		
	文字通顺		

动手做

完成对一个教育论文写作技能的评价。

二、教师说课、观课、议课技能评估

1. 教师说课技能评估

工具表

教师说课技能评估工具表

评估对象		评估标准	分值	评估结果
说教材		对教材的理解程度：清晰、明白、透彻		
	①	熟悉大纲，能驾驭教材，分析、说理透彻		
	②	说课者对教材所处的地位及前后联系的理解、分析是否正确		
	③	对教学目标的确定是否明确、具体、全面		
	④	所述内容符合教育学、心理学的一般规律，符合学生认知规律，符合学科特点		
	⑤	重点、难点把握准确，处理得当		
	⑥	主次分明，抓住主要矛盾		
说教法		教法的选择和运用是否合理、实用		
	①	是否适合该学科的教学要求、特点		
	②	是否根据具体的教学目的选用教法		
	③	是否符合学生的年龄特点		
	④	是否调动学生的学习积极性		
		教法是否具有指导性和可操作性		
	①	教法是否符合学法，与学法相适应		
	②	是否考虑到学生的实际情况，如对不同层次的学生的不同指导，所应达到的不同目标等		
	③	是否明确培养学生的某种能力和学习习惯		
		教学程序的设计是否科学，是否能达到教学目的		

第四单元 教师专业能力评估

评估对象		评估标准	分值	评估结果
	①	授课内容是否科学、正确，是否注重了思想教育		
	②	教学结构是否合理，重点是否突出，难点是否突破		
	③	教法是否灵活多样，学法是否指导得当		
课件		课件格式新颖，简洁大方		
		页面色彩搭配合理，页面有合理的链接按钮，有返回主画面按钮		
		版式规范，字体大小适中，布局合理		
		使用的视频格式正确，播放清晰流畅		
		使用的音频声音清晰、饱满、圆润，无失真、噪声等，声音和画面同步		
		课件中链接的资源，需要链接教学过程中使用的视频、音频、图片、动画等资源，所有资源文件存放在统一文件夹下，所有资源链接必须为相对路径，确保链接有效		
技巧		语言表述中心突出，逻辑性强，调理清晰，层次分明		
		语言准确、形象、生动，富有启发性和感染力		
		不按教案来说课		
		不把听说课的领导和老师视为学生，如正常上课那样讲		
		突出"说"，不背教案，不读说课稿		
		按自己的教学设计思路说课，有重点，有层次，有理有据		
		时间合适，通常按一节课的 1/3—1/4 的时间		
		体现教师的教学个性和创新精神，无生搬硬套、照抄他人内容		
		运用教育理论来分析研究问题，无就事论事		
		对所述材料有较强的取舍、处理、组织能力，知识面广		
		对所述问题开掘深，有独特的见解		
		无脱离教材、学生、教师实际，空谈理论情况		
		说课与作课结合		
		说课与评课结合		

续　表

评价对象	评价标准	分值	评价结果
	仪表大方、端庄、稳重		
	普通话标准、表述清楚，语言简练清晰、逻辑性强，富有感染力		
	回答问题切中重点，表述清楚，逻辑性强		

动手做

完成对一个说课技能的评价。

2. 教师观课技能评估

工具箱

教师观课技能评估工具表

评估对象		评估标准	分值	评估结果
听课准备	学识准备	熟悉课程标准，充分把握教材（本学科或教材的特点是否清楚？教学目标是否清楚？教学建议是否清楚？知识体系是否清楚？知识范围和深度是否清楚？）		
		掌握本学科基本信息和课程改革最新信息		
		了解本学科教学基本理论		
		积累本学科一些听课素材		
		熟悉所要听课的内容与教学目的、要求		
	心理准备	以积极主动的态度参与听课（听课是教师职业的一部分，听课是为了更好地工作，是分享别人的经验，吸取他人的教训，参加听课是情感的一种释放）		
		从感情上支持听课活动（能够理解听课活动组织者的用心，能够理解讲课者准备过程中的辛劳，能够理解领导及教育研究者的期望，能够理解团队合作的意义）		
	情况准备	尽可能多地了解听课班级学生的基本情况，如，学生的学习基础、智力水平、学习能力以及班级管理情况等		
		尽可能多地了解任课教师有关情况，如，学识水平、个人风格、工作态度、教学经历等		
	物质准备	准备好听课的教材		
		准备好听课的资料		
		记录工具齐全		
		确保能按时到达听课地点，不迟到		

续　表

评估对象		评估标准	分值	评估结果
过程参与	听	课堂导入方式是否有特点		
		教师的课堂控制能力是否做到收放自如		
		教师的课堂结尾部分是否有意义		
		教师布置的作业是否必要和科学		
		讲解新课要点的方法是否符合学科特点及学生实际		
		教师的思维引导是否恰到好处		
		学法指导是否有效		
		教师提出的问题是否有含金量		
		学生回答问题有何特点		
		学生怎样在教师的指导下得到提升		
		学生讨论问题的形式是否科学与民主		
		教师设置的讨论环节时机是否合适		
		学生讨论问题的效果是否明显		
	看	教师的精神面貌是否符合课堂需要		
		教师在课堂上是否具有民主作风		
		教师的教学手段是否有效		
		教师的肢体语言是否合理、合规		
		教师的教学方法是否可行		
		学法指导是否到位，是否以自己的学习经验给予学生启发		
		教师课堂时间控制是否精确		
		教师课堂环节控制是否流畅		
		教师的组织能力如何		
		教学方式组织是否从教材和学生实际出发，灵活多样		
		在教师组织和引导下，学生是否充分参与了体验、合作、探究等		
		教师是否具有一定的应变能力		
		教师的板书设计是否做到了科学、有层次、简约		
		学生的课堂组织纪律、课堂气氛、精神面貌如何		

续　表

评估对象		评估标准	分值	评估结果
过程参与	看	学生对教材理解是否到位		
		学生的学习方式是否可行，是否有特点		
		学生的学习效果是否增强		
		课堂上学生的学习习惯是否良好		
		学生的小组合作是否热烈、参与程度高、参与人数多		
		教师的课堂教学评价方式和策略是否符合现代教育理念		
		学生是否对教师的教学评价给予了积极的回应		
	想	在课堂的精彩环节中是否体现了课程理念		
		在课堂的精彩环节中是否体现了教学思想		
		问题处理片段中的客观因素是什么		
		问题处理片段中的主观原因是什么		
		这堂课有哪些地方可以改进或优化		
	记	听课基本信息是否记录全面：听课日期、学校、班级、执教者、学科、课题、课型、节次、听课目的等		
		对课堂教学中的教学环节、教学内容、教学方式方法、板书要点等教学情况是否记录详尽		
		对课堂结构的条理性和合理性是否有重点观察		
		对板书的艺术性和针对性、条理性是否进行了记录和分析		
		对教学辅助设备和教具等的使用情况，特别是现代教育技术的使用情况是否进行了记录和分析		
		对练习的设计与扩展的教学内容的针对性和必要性是否进行了记录和观察		
		对各个环节的时间分配、时间利用的合理性和有效性是否进行了观察和记录分析		
		在课堂教学实施过程中，对重点、难点、关键知识的解决过程是否进行了重点记录		
		对执教者的技巧、方法和效果是否进行了客观分析		

评估对象		评估标准	分值	评估结果
过程参与	记	课堂中的活动情况、学习方式、讨论时间、练习时间、阅读时间、学习态度、情感体验、学习效果等学习情况是否记录完整		
		对教学方法和学习方法的多样性和创新性是否进行了重点记录和分析		
		对精彩成功情况、问题错误情况、意见建议等是否进行了简要分析		
课后思考		是否在听课后对听课记录进行了整理和分析		
		是否对听课中的疑惑点进行了思考		
		是否对照自己的课堂进行了对比		
		是否撰写了评课材料，为评课做好了准备		
课堂效果		教学目标设计是否准确、全面、合理		
		教学目标是否和事先设计有差异性		
		四维目标是否做到自然融合		
		是否体现了教师的个性特点		

动手做

完成对一个观课的评价。

3. 教师议课技能评估

现在，我们都把评课称为议课，目的是建立一种平等民主的教学研究文化。

议课是教学、教研工作过程中一项经常开展的活动。议课是对课堂教学成败得失及其原因做中肯的分析和评估，并且能够从教育理论的高度对课堂上的教育行为做出正确的解释。具体地说：是指议课者对照课堂教学目标，对教师和学生在课堂教学中的活动以及由此所引起的变化进行价值的判断。

议课的类型很多，有同事之间互相学习、共同研讨议课；有学校领导诊断、检查的议课；有上级专家鉴定或评判的议课等。在本手册中，主要研究的是教师作为一位参与者，如何去议其他教师的课。因此，这样的议课实际上是一种建立在求和谐、求愉快、求发展基础上的说服的艺术。作为议课者，既要善于说服别人，更要善于说服自己。要做到这一点，议课的教师要有充分尊重别人的心理基础，再以科学、规范、标准来进行议课，才会以理服人，让人心悦诚服。

议课是一门科学，也是一门技术，是科学就有规律可循，是技术就有要领可操作。议课的原则、要领、形式和技巧反映了议课的规律和技术。

动手做

为什么要把评课改称为议课？

工具箱

教师议课技能评估工具表

评估对象		评估标准	分值	评估结果
教学目标	目标意识	教师是否具有目标意识：在课堂教学中是否始终体现了教师的目标意识		
	目标制定	教学目标是否全面：是否从知识与技能、过程与方法、情感态度与价值观、学习策略、文化策略等方面来确定教学目标		
		教学目标是否具体：知识目标是否量化，能力与情感目标是否有明确要求，是否体现了学科特点		
		教学目标是否适宜：确定的目标，是否以课程标准为指导，体现了年段、年级、单元教材特点，符合学生的认知规律，难易适度，是否符合教师个人的风格特点		
	目标达成	在每一个教学环节是否都体现了教学目标		
		教师的教学手段是否围绕教学目标，为实现目标服务的		
	重点难点	是否尽快触及到了重点内容，重点难点的提出和处理是否得当		
		重点内容的教学实践是否得到保证		
		重点知识和技能是得到巩固与强化		
		重点、难点的提出和处理是否抓住了关键，是否正确，是否达到了简约教学目的		
教材处理		知识教授是否准确科学		
		教材处理和教法选择上是否重点突出，突破了难点，抓住了关键		
		处理重点难点问题时能否简单明了，学生能够一下子听懂		
		教材的深度和广度是否发掘较深		

第四单元 教师专业能力评估

续　表

评估对象		评估标准	分值	评估结果
教师专业能力评估	教学思路	教学思路设计是否符合教学内容实际		
		教学思路设计是否符合学生实际情况		
		教学思路设计是否有创新，给学生以新鲜感		
		教学思路是否层次清楚，脉络清晰		
		教师课堂行为是否能清楚体现教师的教学思路，并取得实际效果		
	教学程序	教学思路清晰，结构严谨，密度合理，环节紧凑		
		面向全体学生，体现差异，因材施教，全面提高师生素质		
	课堂结构	知识量和训练度适中，突出重点，抓住了关键		
		过渡自然，无脱节情况		
		体现知识形成过程，结论尽量由学生自主探索发现		
		教师时间分配和衔接恰当，讲练时间合理，时间控制准确，无超时间或时间富裕情况出现		
		课堂时间分配与教学目标一致，无教师占用时间过多，学生活动时间过少情况出现		
		学生个人活动时间与全班活动时间分配合理，无集体活动过多，学生个人思考、自学、独立完成作业太少情况出现		
		优、中、差生时间分配合理，无优等生占用时间过多，差等生占用时间太少情况出现		
		无时间浪费现象出现		
	教学手段与方法	是否为本班学生量体裁衣，优选活用		
		是否使用了多种教学方法		
		教学方法有没有创新		

续　表

评估对象	评估标准	分值	评估结果
教学手段与方法	学法指导目的要求明确，帮助学生认识了学习规律，端正了学习态度，养成了良好习惯，有效地提高学生学习效率		
	对学法指导的内容熟悉并付诸实施		
	创设了良好的问题情境，强化了问题意识，激发了学生的求知欲		
	注意挖掘学生内在因素，并加以鼓励和引导		
	鼓励学生独立思考，敢于探索，敢于质疑		
	培养了学生善于观察的习惯和心理品质		
	培养了学生良好的思维习惯和思维能力，培养了学生多角度思考问题、多角度解决问题的能力		
	使用了现代化教学手段，使用正确熟练		
	师生关系和谐，课堂气氛宽松民主		
	教学信息多项交流，反馈及时，矫正有效		
	培养学生创新能力，注重动机激发、兴趣、习惯、信心等非智力因素的培养		
教师基本功	板书设计科学合理，文字简练，逻辑性强，有条理，字迹美观，图表手绘能力强且美观		
	教态热情、庄重，富有感染力		
	课堂语言准确清楚，精当简练，富于变化，能体现个人风格，生动形象有启发性		
	教具、多媒体使用熟练，无差错		
教学效果	教师个人教学特点和教学风格得到体现		
	教学目标达成，教学效果好		
	教学效率高，学生思维活跃，气氛热烈		
	学生受益面大，不同程度的学生在原有基础上都有进步，三维目标达成		
	时间利用充分，学生学得轻松愉快，积极性高		
	信息量适度，能够做到当堂清，学生负担合理		

动手做

完成对一个议课的评价。

三、教师教育科研技能评估

教育科研是中小学教师的必备工作。许多的教育改革实践表明，教育科研活动对推进新课程实验，提高新课程教育质量具有重要的意义。

中小学教师的课题就是教师在一段时间内需要关注、澄清和解决的一个真实存在的教育教学问题。一线教师开展教育研究的目的就是在解决问题的过程中，通过分析问题的本质和存在的根源，从而找到解决问题的路径，帮助自己更好地完成教学任务。此外，中小学教师做课题研究，包含了教师对自己教育未来的憧憬和勾画，是为自己职业生涯构建的一种模式。事实上，每个教师每天都在反思，都在进步，都在成长，只是不知道怎么才知道自己成长了多少，进步了多快而已。教育科研技能评估正好弥补了教师这个遗憾。

中小学教师进行的课题研究，是教师在更高的水平层次上展开教育教学活动，教师如果以科研的态度、精神、思路和方法去审视自己的教育教学过程，就会发现与别人不一样的教育问题，形成独特的解决问题的策略，当他们把这些研究的成果通过自己的教育教学实践进行验证和完善后，就会使自己教育教学工作向着更优的方向发展，从而实现由"教书匠"到"教育家"的华丽转身。

由于教师的教育科研最重要的就是课题选择和课题研究设计，因此，我们仅以教师课题报告撰写评估来对教师的课题研究行为进行评估。

要寻找到有价值的研究课题，必须善于分析和发现问题。中小学教师适合选择以解决自己教育教学中的主要困惑或问题、具有现实意义的某一个或某一类问题，开展描述性研究。

工具箱

课题报告撰写技能评估工具表

序号	考核内容	考核评估
一	课题的基本内容和方向	
1	是否与本人所教授学科直接相关	
2	是否与本人所教授学科的课堂教育教学行为直接相关	
(1)	学生的学习能力如何	
(2)	教材的结构（内容呈现和编者意图）如何	
(3)	课堂资源的寻找与整合方式	
(4)	自己的优势与发挥方式	
3	是否与本人所教授学科立足三年后学生的出口直接相关	
(1)	学生的××学科学习能力与课堂创建策略	
(2)	近5年考试出题分析与教育对策	
4	是否与本人所教授学科的教学知识［即学科和教学两种知识的融合（整合）策略研究］直接相关	
(1)	学科知识	
(2)	教学知识	
(3)	学科教学知识	
二	课题申请（计划）书内容编写	
1	课题题目	
(1)	题目不可过大	
(2)	研究问题必须清楚	
(3)	表述准确	

续　表

序号	考核内容	考核评估
（4）	句式不使用疑问句等非陈述句，讲清研究对象、内容与方法三要素	
（5）	课题的大小要适当	
2	课题的提出	
（1）	分清现实具体问题与研究的现状	
（2）	研究的现实意义应有现实针对性	
（3）	选题意义的表述不能过于简单	
（4）	研究现状与工作现状、研究意义不能混淆	
（5）	研究现状不能表述为宏观理论或口号	
（6）	相关现状的内容不能与要研究的主题偏离，针对性较差	
（7）	相关研究表述准确，不能过于简单	
（8）	创新点新颖，不能用非创新点来体现创新点	
（9）	创新点与研究主题不存在偏差	
（10）	创新点表述不能模糊，不能缺乏参照性	
（11）	不能将概念的界定理解成对整个课题的全面解释	
（12）	概念表述不能拖沓或不能界定共识性的概念	
（13）	概念界定不能过多、过杂，偏离研究主题	
3	课题研究的依据与原则不能出现以下情况	
（1）	理论依据表述空泛，缺乏针对性	
（2）	理论依据准确程度不高	
（3）	理论依据不充分，政策或实践依据过多	
（4）	理论依据不能有效支撑研究	

续　表

序号	考核内容	考核评估
（5）	研究的实践基础与选题意义混淆	
（6）	研究的原则没有展开论述或缺少提炼	
（7）	研究原则表述成工作原则	
4	研究的目标与内容不能出现以下情况	
（1）	课题目标不明确，偏离研究主题	
（2）	研究目标过多、过大，超出研究范围	
（3）	研究目标与研究内容、措施等重复	
（4）	研究目标表述不当，语言不规范，与研究意义等重复	
（5）	研究内容没有实现对目标的有效分解	
（6）	研究内容与研究目标不一致，关联性差	
（7）	研究内容与解决措施混淆	
（8）	研究内容表述抽象、模糊	
5	研究的实施不能出现以下情况	
（1）	同时选择了过多的方法，而在具体措施中并没有体现	
（2）	把任意一种"研究行为"都理解为"科研方法"	
（3）	把研究方法等同于解决问题的具体措施	
（4）	研究过程和措施表述寥寥几字，不具体	
（5）	操作措施针对性差，与研究目标、内容不对应	
（6）	用研究的（工作）过程替代研究（解决问题的）措施	
（7）	将常规工作纳入解决问题的措施之中	
（8）	论文化表述	
6	预期成果不能出现以下情况	

续　表

序号	考核内容	考核评估
（1）	预期成果设计过于微观化	
（2）	预期成果过于宽泛，不便于检验	
（3）	预期成果和研究目的、内容不一致	
7	课题计划内容编写	
（1）	分阶段目标是否明晰	
（2）	每阶段具体内容和工作方式是否明晰	
（3）	每阶段具体内容和工作方式是否一致	
（4）	是否有明确和可执行的考核方式	
（5）	是否有滚动计划（风险防控）	

动手做

完成对一个课题研究情况的评价。